KB215504

문장이 필요한 순간

문장이 필요한 순간

초판 1쇄 발행 2025년 4월 30일

지은이 조항록
펴낸이 서재필

펴낸곳 마인드빌딩
출판신고 2018년 1월 11일 제395-2018-000009호
이메일 mindbuilders@naver.com

ISBN 979-11-92886-84-8 (03190)

마인드빌딩에서는 여러분의 투고 원고를 기다리고 있습니다. 출판하고 싶은 원고가 있는 분은
mindbuilders@naver.com으로 기획 의도와 간단한 개요를 연락처와 함께 보내주시기 바랍니다.

문장이
필요한
순간

당신의
굳은 생각을 해방할
111가지 문장

조항록 지음

마인드빌딩

깊은 밤 한 권의 책을 읽는다.

지금은 여기에 없는 이가 다가와

등을 어루만지며 나직이 속삭인다.

삶은 기쁨인가 하면 슬픔이 따르고,

절망인가 싶으면 희망의 빛이 깜빡인다고.

분노와 용서가 맞닿아 있으며,

때때로 웃음과 눈물의 경계가 불분명하다고.

아무리 내달려도 제자리걸음인 것 같지만,

뒤돌아보면 소박한 보람이 있다고.

아직은 여기에 살고 있는 누군가

깊은 밤 한 권의 책에 밑줄을 긋는다.

그 순간, 지금은 여기에 없는 이의 손길이

한 영혼의 가슴을 다정히 격려한다.

그렇게 어느 삶의 빈방에 온기를 채운다.

이 책의 문장을 찾고 다듬고 덧붙인,

조항록

목차

작가의 말   5

001 인생이 영 허망하지는 않을 것이다   13

002 삶은 사소한 에피소드들로 완성된다   15

003 길이라고 가리키는 곳에 길은 없다   17

004 박수받기에 부족함 없는 과정이 있다   19

005 나는 어느 쪽인가   21

006 한 번쯤 의심해보라는 말이다   23

007 나를 위해 이해하고 사랑할 필요가 있다   25

008 개인의 상실은 현대 사회의 슬픔이다   27

009 남들 흉내나 내며 살아가야 하나   29

010 거짓인 줄 알면서 거짓을 따를 때가 있다   31

011 이목구비를 믿을 것은 아니다   33

012 결과는 영원하다고 믿는다   35

013 잡념의 훼방에서 자유로워야 한다   37

014 한없이 나약한 존재인 것을 안다   39

015 쓸모없는 것이 쓸모를 만든다   41

016 모든 개인이 존엄한가   43

017 고독의 독립을 지켜내는 일은 어렵다   45

018 차라리 해보는 편이 낫지 않을까   47

019 괴로움 뒤의 즐거움이 감격스럽다   49

020 숨김없이 고백해야 한다   51

021 인간에게는 의존병이 있다   53

022 하다못해 신발 사이즈도 제각각 아닌가   55

023 지식에 품위를 더해야 한다   57

024 시달리기에는 인생이 너무 짧지 않나   59

025 얼마나 많은 편견으로 타인을 기억하나   61

026 좀 더 나은 인간으로 만들어준다   63

027 이만한 평온을 누릴 자격이 내게 있는가   65

028 어디 괴로움뿐이겠는가   67

029 개인의 고통이 세상의 고통이다   69

030 눈을 가리고, 저울과 칼을 가졌다   71

031 여러 한계에 갇혀 자유로울 뿐이니까   73

032 성실의 힘을 외면할 수 없다   75

033 눈으로만 책을 읽는 사람이 있다   77

034 자기 자신에게 책임이 있을 따름이다   79

035 모든 인생에는 얼마큼씩 불행이 주어진다   81

036 걱정의 속박에서 자유롭기는 쉽지 않다   83

037 세월의 또 다른 힘이다   85

038 둘의 조화가 기쁨을 가져온다   87

039 현재만 영향을 끼치는 것은 아니다   89

040 만족도 체념을 의미한다   91

041 끝내 개별적 존재이기 때문이다   93

042 자기 자신을 어떻게 바라봐야 할까   95

043 어떻게 무오류와 무결점의 삶을 사나   97

044 그럼에도 계속 걸어가야 한다   99

045 박제가 되어버린 삶을 살고 있다   101

046 도대체 의지와 신념이 뭐였더라   103

047 인간의 내면에도 알고리즘이 작동한다   105

048 눈만 시각 기능을 갖는 것은 아니다   107

049 걸핏하면 잡생각이 밀려든다   109

050 어떤 눈물은 보석보다 귀하다   111

051 생존 이상을 가르치고 배워야 한다   113

052 법률이 인간 그 자체일 수는 없다   115

053 나의 마음속에도 독재자가 산다   117

054 그럼에도 시인은 말한다   119

055 레슬링과 다를 바 없다   121

056 세태에 날리는 경고처럼 들린다   123

057 마음은 자주 악천후에 시달린다   125

058 거기에도 인생이 있으니까   127

059 곁을 유심히 살펴보아야 한다   129

060 그러니 어쩌란 말인가   131

061 물을 떠올려보면 괜찮을 것이다   133

062 자기 분야에서 승리한다   135

063 이 길이 정말로 적합한가   137

064 무척 변덕스럽다   139

065 밤은 온전한 고독의 시간이다   141

066 일렬종대로 내달린다   143

067 생애의 하루가 저마다 소중하다　145

068 인간도 무수한 물질들 가운데 하나다　147

069 세상의 부조리는 좀처럼 사라지지 않는다　149

070 사소한 것이 파국으로 치닫는다　151

071 사색과 성찰을 가르치지 않는다　153

072 그 마음 역시 사랑일 것이다　155

073 다 그렇지는 않을 것이다　157

074 첫 자음을 입력해야 한다　159

075 하지만 어쩌겠는가　161

076 누구나 깨달음을 얻는다　163

077 정체성에 방해가 될 수 있다　165

078 때가 되어야 비로소 알게 되는 것이 있다　167

079 기쁨과 슬픔도 그렇다　169

080 순서를 바꿀 수는 없다　171

081 생각은 힘이 세다　173

082 선을 향한 노력이 필요하다　175

083 무조건 따라야 하는 것은 아니다　177

084 결국 인간이다　179

085 물처럼 시간을 낭비하지 않나　181

086 함부로 차별하는 것이다　183

087 밖을 궁금해하는 사람들이 있다　185

088 슬픔에도 도미노 현상이 있다　187

089 주변이 검으면 너나없이 시커메진다　189

090 바람 앞의 촛불마냥 흔들린다　191

091 어쩌면 패배가 승리일 수 있다   193

092 그러니까, 혁명이다   195

093 여전히 한계를 극복하지 못했다   197

094 지금 어디가 아프니   199

095 모두 교양의 문제다   201

096 영원히 죽지 않을 것처럼 살아간다   203

097 마지못해 하는 일은 공허한 노동일 뿐이다   205

098 그 사이 어디쯤에 있을 것이다   207

099 인간의 감정이 그만큼 박약하다   209

100 우주를 잊지 않아야 한다   211

101 전력을 다하면 자신에게 바랄 것이 없다   213

102 한쪽이 망가지면 삶이 무너진다   215

103 이해 없는 사랑이 얼마나 많은가   217

104 분명히 자비심이 깃들어 있다   219

105 내가 바꿀 수 있는 것은 나 자신뿐이다   221

106 꽃은 밖에서 가져올 수 없다   223

107 나도 그렇고, 당신도 그렇다   225

108 미로에 갇혀 안간힘을 쓴다   227

109 머물러야 할 곳에 머물지 못한다   229

110 오늘은 다시 돌아오지 않는다   231

111 괜찮아, 이 길로 계속 오면 돼   233

     이 책의 문장을 쓴 사람들   234

나의 오늘에 등불을 밝혀주는,
아름답고 쓸쓸한 인생을 산 선각자들을 기억하며

001

인간은 집단적으로 태어나지 않았고

집단적으로 죽지 않는다.

인간은 오직 혼자 이 세상에 왔고

그처럼 혼자 이 세상을 떠난다.

말하나 마나, 한 사람이 인생을 살아가며 겪는

거의 모든 뜻깊은 경험에서

그는 혼자다.

하지만 명백히 혼자라 하더라도

변함없고,

만족스럽고,

고무적인 신념으로 둘러싸여 있다면

그는 한없이 행복한 사람이다.

○

밀턴 아이젠하워

인생이
영 허망하지는 않을 것이다

인간은 어쩔 수 없는 단독자(單獨者)다. 우리 모두 전체성만으로 규정하지 못하는 개별적인 존재라는 뜻이다. 그래서 문득문득 삶이 외롭고 쓸쓸하겠지. 하지만 그것이 인간의 숙명이라 하더라도 자신을 북돋는 어떤 신념을 갖고 살아간다면 인생이 영 허망하지는 않을 것이다. 비록 삶이 적막할지언정 가끔은 어떤 온기를 느낄 것이다.

일상생활에서 가장 주의해야 할 점은 사소한 일에 대한 감정을 어떻게 처리할까 하는 것이다. 흔히 사람들은 큰 불행에 대해서는 체념하지만, 사소한 실망과 불쾌감에 대해서는 도리어 울화를 터뜨리고는 한다. 그러니 우리는 오히려 사소한 일에 맞닥뜨렸을 때 감정을 더 효과적으로 제어할 필요가 있다. 그와 같이 사소한 갈등 상황은 하루에도 몇 번씩 일어날 수 있고, 그것이 도화선이 되어 큰 불행을 불러오는 경우가 적지 않기 때문이다.

사람의 감정이란 그릇에 담긴 물과 같아 균형이 깨지면 마구 엎질러지게 마련이다. 그래서 항상 조심스럽게 다뤄야 하며, 작고 만만한 일이라고 가벼이 여겨 부주의해서는 안 된다. 감정의 그릇이 일단 기울어지면 평화와 조화가 파괴되고 마니까, 설령 사소한 일이라 하더라도 자신을 제어할 줄 알아야 한다.

○

알랭

삶은
사소한 에피소드들로 완성된다

어떤 거창한 일들로만 인생을 설명할 수는 없다. 어느 면에서 우리의 삶은 사소한 에피소드들로 완성된다. 그러므로 일상생활에서 나를 삼가고 타인을 위하는 따뜻한 말 한마디, 기분 따라 쉽게 흐트러뜨리지 않는 절제된 행동 하나하나가 매우 중요하다.

한 무리의 사람들이 지나간다.

그런데 어떤 사람이 일행과 보조를 맞추지 못한다.

왜 그럴까?

아마도 그는 다른 사람들과

전혀 다른 북소리를 듣고 있기 때문인지 모른다.

그러면 어떻게 해야 하나?

그냥 내버려두어라.

그 사람이 자기만의 박자와 리듬으로

계속 걸어가도록

그냥 내버려두어라.

○

헨리 데이비드 소로

길이라고 가리키는 곳에
길은 없다

길이라고 가리키는 곳에 길은 없다. 어차피 모든 길은 사람들의 편견이 가득 담긴 환상일 뿐이니까. 누구도 특정한 길을 가리키며 그것이 정답이라고 우겨댈 수 없다. 자기가 생각하는 길이 옳다고 소리쳐봤자 애당초 세상에 똑같은 삶은 하나도 없으니까. 나와 너는 완전히 다르고, 무리에서 먼 길에도 꽃은 핀다.

아무것도 하지 않는 사람들은

결코 착각하거나 실수하지 않는다.

그와 달리 진리를 구하기 위해 노력하는 사람들은

시행착오를 겪을 수 있다.

하지만 그때의

착각과 실수와 시행착오는

진리보다 훨씬 풍부한 결실을 맺는다.

나는 사상이나 힘을 앞세워 승리한 사람들을

영웅이라고 부르지 않는다.

나는 오로지 마음이 위대했던 사람들만을

영웅이라고 부른다.

○

로맹 롤랑

박수받기에
부족함 없는 과정이 있다

결과가 과정을 압도하는 시절이다. 절차야 어찌 됐든 자기가 원하는 바를 이루면 그만인 세상이다. 그러나 결실이 변변치 않아도 박수받기에 부족함 없는 과정이 있다. 아무리 경쟁에서 이겨도 축하받지 못하는 승리가 있다. 시대 변화와 상관없이, 뜨겁게 노력하고 정당한 마음 자세를 갖는 것이 근본이 되어야 한다.

005

자신을 커다란 존재라고 생각하는 사람은

거만하다.

그와 반대로 자기의 가치를

스스로 실제보다 적게 생각하는 사람은

비굴하다.

무엇보다 자기 자신을

제대로 이해하고 받아들이는 것이 중요하다.

○

아리스토텔레스

나는
어느 쪽인가

허풍과 과시로 자신을 부풀리는 사람들이 있다. 역겹고, 얼핏 측은하기도 하다. 그와 달리 자기가 가진 재능과 열정을 스스로 가볍게 여기는 사람들도 있다. 안타깝고, 어리석다는 생각이 들기도 한다. 나는 어느 쪽인가? 어쩌면 인생을 살아가면서 가장 힘든 일이 자기 자신을 객관화하는 것이다.

인간의 감각이 모두 진실은 아니다. 어느 면에서 인간의 감각은 믿지 못할 것이다. 그중에서도 인간의 머릿속 생각은 더욱 변동이 심하고 여러 가지 방식으로 작용해 없는 것도 있다며 그 형상까지 지어낸다. 즉 사람의 머릿속에는 온갖 허상을 만들어내는 힘과 재료가 들어 있으니, 그로 인해 세상의 천태만상이 비롯된다고 말할 수 있다. 우리의 머릿속에 아주 사소한 원인이라도 발생하면 상상을 뛰어넘는 갖가지 괴상한 변화가 생겨나는 것이다. 인간의 머릿속 생각은 항상 요동치는데, 그것이 곧 환상이 되어 눈에 보이기도 하고 환청이 되어 귀에 들리기도 한다.

○

플루타르코스

한 번쯤
의심해보라는 말이다

자신이 옳다고, 틀림없다고 생각한 것을 한 번쯤 의심해
보라는 말이다. 왜냐고? 인간의 머릿속 생각은 때때로
헛것을 지어내니까. 자기 맘대로 왜곡하고 고집하니까.

007

남을 증오하는 감정은 얼굴의 주름살을 만든다. 남을 원망하는 마음은
표정을 추악하게 만든다. 그에 비해 사랑의 감정은 우리 몸에
조화롭고 따스한 빛이 흐르게 한다. 또한 맥박을 고르게 하며, 기운찬
행동을 북돋는다. 나아가 증오와 원망은 혈액 순환을 방해하지만,
사랑은 위장의 활동을 도와 소화까지 원활하게 한다.
그렇듯 인간의 감정은 신체에 대해서도 언제나 반사운동을 일으킨다.

○

르네 데카르트

나를 위해
이해하고 사랑할 필요가 있다

장 자크 루소는 "이성이 인간을 만들고, 감정이 인간을 이끈다."라고 말했다. 그런데 이성을 키우기보다 어려운 것이 감정을 다스리는 일이다. 제 감정을 스스로 망가뜨린 이들의 곤란과 몰락을 접하다 보면 그 사실을 실감한다. 상대방이 아니라 나를 위해 좀 더 이해하고 사랑할 필요가 있다.

008

현대 사회의 수많은 '개인'들이 '자기 자신'이 되는 것을 중지했다.
그리하여 그들은 정확하게 다른 모든 사람처럼 되고, 다른 사람들이
기대하는 모습대로 변모했다. 이제 '나'와 '외부 세계'의 모순은
사라졌다. 개인으로서 느끼는 무력감을 두려워하는 의식도 잦아들었다.
그와 같은 메커니즘은 일부 동물에서 볼 수 있는 보호색과 비교할
만하다. 자연에서 보호색을 띠는 동물은 주변 환경과 너무나 흡사해
형체가 쉽게 구별되지 않는다. 개인의 자아를 포기해버린 수많은
사람들, 그러니까 '자동인형'처럼 되어버린 그들 역시 보호색을 입고
안주하며 더는 고독과 불안 같은 감정에 시달리지 않는다. 그 대가는
결코 싸지 않으니, 그것은 개성의 상실이다.
이제 개인은 하나의 분자에 지나지 않는다. 그가 할 수 있는 일은
행군 대열의 일개 병사가 되거나, 컨베이어벨트 앞의 노동자가 되어
생산 작업에 지장이 없도록 보조를 맞추는 것뿐이다.

○

에리히 프롬

개인의 상실은
현대 사회의 슬픔이다

개성의 상실, 나아가 개인의 상실은 현대 사회의 슬픔이다. 그런데 그 책임은 결국 개인에게 있다. 우리 스스로 개성과 개인을 내팽개친 채 집단의 일원으로 맛보는 달콤한 쾌락만 좇고 있으니까.

009

개인주의는 종종 이기주의로 변질하는

치명적인 독극물이다.

그러나 개성은 삶의 소금과 같다.

인간은 군중 속에서 살아가야 할지 모르나,

군중이 사는 방식대로 살아야 하는 것은 아니다.

군중이 먹는 대로 먹어야 할 이유가 없고

군중이 입는 대로 입어야 할 까닭도 없다.

인간은 누구나 자기만의 과수원을 가질 수 있고

남이 모르는 샘물로 가 물을 마실 수도 있다.

남에게 도움이 되려면

오히려 자기 자신을 잃지 말아야 한다.

○

헨리 반 다이크

남들 흉내나 내며
살아가야 하나

현대인의 삶은 얼핏 평균을 지향하는 것처럼 보인다. 평
균의 연봉, 평균의 아파트, 평균의 학력, 평균의 여가, 평
균의 소비, 평균의 쾌락. 너나없이 남들 하는 대로 이리
저리 몰려다니며 스스로 군중 속의 한 사람이 되려고 안
절부절못한다. 하지만 일생을 남들 흉내나 내며 살아가
야 하나? 개성은 패션 감각에만 어울리는 말이 아니다.

010

허위의 탈 안에 자기를 감추려 하지 마라.

허위는 진실이 아닌 것을 진실로 꾸미는 것.

그것은 도리어

적에게 공격하기 좋은 빈틈을 제공할 뿐이다.

당신이 최후의 승리를 원한다면

반드시 진실을 따라야 한다.

그리하여 한때 불리하고 비참해지더라도

그것은 언젠가 치유 받을 수 있는 상처이니

절대 허위의 탈 안으로 숨어들며 겁내지 마라.

○

앙드레 지드

거짓인 줄 알면서
거짓을 따를 때가 있다

살다 보면, 거짓인 줄 뻔히 알면서 거짓을 따를 때가 있다. 그래야만 실리를 얻거나 명분을 지킨다고 믿기 때문이다. 하지만 그렇게 구한 실리와 명분은 자신의 인격과 양심, 자존심을 허물어뜨린 대가일 뿐이다. 설령 그 일이 세상에 들통나지 않더라도, 거짓으로 차지한 영광과 안락이 자긍심을 가져다주지는 못한다.

011

인간은 상대방의 아픔을 통해 자신의 평안을 깨닫고는 한다. 사물을 보지 못하는 사람과 소리를 듣지 못하는 사람 앞에서 자신의 처지에 감사해하는 식이다. 하지만 보고 듣는 그 문으로 항상 복된 것만이 들어오지는 않는다. 무엇을 보아 괴로움을 얻고, 무엇을 들어 유혹에 이끌리는 경우가 흔하다는 말이다.

그러므로 인간은 장애 없는 눈과 귀에 안도하는 대신 그곳을 통해 불행의 씨앗이 들어오지 않도록 경계해야 한다. 모름지기 보지 못하고 듣지 못하는 것이 자신을 망가뜨리는 원인은 아니다. 오히려 자신의 눈과 귀로 나쁜 정념이 숨어들어 마음을 어지럽히는 것이 문제다. 이목(耳目)의 견문(見聞)이 때로는 원수가 될 수 있다.

○

홍자성

이목구비를
믿을 것은 아니다

인간이 세상을 이해하는 데 이목구비가 큰 역할을 한
다. 듣고, 보고, 맛보고, 냄새 맡으면서 상황을 판단하고
욕망을 실현하는 것이다. 하지만 때로는 그런 감각이
인간을 타락으로 이끌기도 한다. 아무리 많은 정보가
있어도 그것을 잘못 활용하면 타인을 해치고 나를 파괴
하지 않나. 그러니 마냥 이목구비를 믿을 것은 아니다.

012

만약 아름다운 눈썹 밑에 눈물이 고여 흐르려 하거든

그것이 넘치지 않도록 굳센 용기를 갖고 견뎌라.

옳고 그름을 분별하기 어려운 이 세상에서

설령 당신이 확신에 찬 걸음을 옮기지 못하더라도

덕을 지닌다면 올바른 방향으로 전진할 수 있을 것이다.

그리고 결과를 기대하기 전에

언제나 당신이 하는 행위의 동기를 중요하게 생각하라.

돈과 같은 물욕을 행위의 결과로 연결 짓지 마라.

○

루트비히 판 베토벤

결과는
영원하다고 믿는다

결과지상주의라고 할까? 날이 갈수록 과정보다 결과가 중요하게 평가받는다. 많은 사람들이 과정의 비난은 순간이고 결과는 영원하다고 믿는다. 그런데 낭만주의 음악의 대가 베토벤은 말한다. 슬픈 결과가 닥치더라도 용기를 잃지 말라고, 인덕 있게 살다 보면 결국 올바른 길로 가게 될 것이라고, 누가 뭐래도 결과 이전에 동기가 중요하다고.

013

처음 마음먹은 일을 끝까지 밀고 나가지 못하는 까닭은 이런저런 잡념에 휘둘리기 때문이다. 무엇이든 자기가 소원하는 바를 이루려면 그 밖의 여러 일들을 과감히 머릿속에서 떨쳐내야 한다. 여러 가지 일 중에서 가장 중요하다고 생각하는 한 가지 일을 선택하는 결단이 필요하다는 말이다. 이를테면 오래도록 영예로울 일을 취하고, 곧 사멸해버릴 일들을 미련 없이 접어야 한다.

○

헤라클레이토스

잡념의 훼방에서
자유로워야 한다

잡념이 없는 사람은 없다. 잡념이 꼭 나쁜 것도 아니다. 어떤 잡념은 일상의 무료함을 달래주고, 이따금 상상력으로 발전하기도 하니까. 그러나 특별한 목적을 달성하려면 잡념의 훼방에서 자유로워야 한다. 보통의 인간은 한꺼번에 여러 일을 해낼 만큼 다재다능하지 못하기 때문이다. 반드시 이루고 싶은 한 가지 일에 몰입해야 성공의 가능성이 커진다.

누구나 내면을 깊이 있게 파고들면

자기 자신이

별 가치 없는 인간이라는 데 생각이 미친다.

인간이 진심으로 내면을 탐구할 때

최초로 생기는 감정이

다름 아닌 겸손이다.

자기 자신의 부족함을 스스로 깨닫는 때가

내면으로 들어가는 첫 관문인 것이다.

겸손은 인간의 지성을 강화한다.

○

윌리엄 채닝

한없이
나약한 존재인 것을 안다

진정성 있게 자신을 탐구하는 사람은 삶과 세상에 교만할 수 없다. 인간이 한없이 나약한 존재인 것을 알게 되므로. 여느 인간과 다름없이 자기도 부조리하기 짝이 없는 미욱한 존재인 것을 실감하게 되므로. 그런 사람은 스스로 낮은 곳으로 내려가 인간이 닿지 못할 높은 곳을 바라다본다.

015

수레는 여러 개의 바큇살이 텅 빈 공간[無]에서 움직여 둥근 바퀴를
굴러가게 한다. 찰흙을 이겨 그릇을 만들 때도 그 빈 공간[無]이
내용물을 담아내는 구실을 한다. 문과 창을 내어 집을 만드는 경우도
마찬가지다. 결국 그 빈 공간[無]에서 사람의 생활이 이루어진다.
그러므로 유(有)가 어떤 역할을 하는 것은 무(無)가 작용하는
까닭이라고 말할 수 있다.

○

노자

쓸모없는 것이
쓸모를 만든다

쓸모 '있음'과 '없음'을 명확히 구별하는 시절이다. 물건에 대해, 일에 대해, 공부에 대해, 심지어 사람에 대해 지나칠 만큼 실용성을 따진다. 그런데 바퀴와 그릇과 집을 보라. 어디 그뿐이겠는가. 언뜻 쓸모없다고 여겨지는 것이 쓸모를 만든다. 쓸모없는 것이 원활히 작용하지 못하면 쓸모를 얻을 수 없다.

인간은 결코 수단이 되어서는 안 된다.

타인에게,

또한 자기 자신에게

인간은 절대로 이용당하지 않아야 한다.

그리하여 인간은

이 사회의 최고 자리로 복귀해야 한다.

인간에 의한 인간의 도구화는 종식되어야 한다.

경제는 인간의 발전을 돕는 하인이어야 하고

자본은 노동에,

물질은 생명에 봉사해야 한다.

○

에리히 프롬

모든 개인이
존엄한가

21세기만큼 인간 개개인의 가치를 인정하는 시대는 없었다. 개개인의 삶은 오랫동안 전쟁과 기아와 계급 등의 굴레에서 외면받아 왔다. 그렇다면 이제는 모든 개개인이 존엄한가? 안타깝게도, 그렇지 않다. 자본주의의 거침없는 질주 속에 인간이 여전히 수단화되는 탓이다. 저마다 고유한 인간의 삶이 새까만 일개미들처럼 세상에 봉사한다.

017

세속에 머물면서

오로지 세속의 질서대로 사는 것은 쉽다.

혼자만의 세계에 파묻혀

오로지 자신의 질서대로 생활하는 것도 쉽다.

그러나 군중과 더불어 지내며

유쾌하게 고독의 독립을 지키는 것은

아무나 해낼 수 있는 일이 아니다.

그런 사람을 일컬어 위인이라고 한다.

○

랄프 왈도 에머슨

고독의 독립을
지켜내는 일은 어렵다

많은 사람들이 군중 속의 고독을 운운하지만, 그럼에도 군중과 멀어지는 것을 견디지 못한다. 실은 그것이 고독이 아니라 자신의 욕망을 실현하지 못해 느끼는 상실감과 외로움이기 때문이다. 무수한 타인과 더불어 살며 고독의 독립을 지켜내는 일은 매우 어렵다. 그와 같은 진정한 고독이 우리의 삶을 저 너머로 이끈다.

우리의 고민은 어떤 일을 시작했기 때문에 생긴다기보다, 그 일을
할까 말까 망설일 때 더 자주 찾아온다. 하지만 이것도 아니고
저것도 아닌 상태에서 오랫동안 망설이기만 하는 것은 문제 해결에
조금도 도움이 되지 않는다. 당신에게는 지금 당장 어떻게 하겠다고
결심하는 자세가 필요하다. 어째서 미리 실패를 두려워해
머뭇거린단 말인가. 성공과 실패라는 결과는 하늘에 맡겨라. 사람이
하려는 대부분의 일은 망설일 때보다 불완전한 상태에서라도 용기
있게 시작할 때 한 걸음 앞서 나갈 확률이 높다.

○

버트런드 러셀

차라리
해보는 편이 낫지 않을까

이 글은 버트런드 러셀이 자신에게 하는 충고가 아니었을까? 위대한 철학자라고 해서 망설이고 머뭇대는 인간의 고질병으로부터 완전히 자유롭지는 못했을 테니까. 흔해 빠진 이야기지만, 해도 후회하고 안 해도 후회한다면 차라리 해보는 편이 낫지 않을까? 물론 하지 않는 것이 옳은 경우도 적지 않겠으나 자주 망설이고 머뭇대는 인간의 고질병이 안타까워 드는 생각이다.

019

인생은 괴로울 때가 있고 즐거울 때가 있다. 그와 같은 고락(苦樂)이

서로 맞닿고 오가는 가운데 사람의 심신이 단련된다. 그런 과정을

통해 얻은 행복과 평화라야 생명이 길다고 말할 수 있다. 괴로움을

깊이 경험하지 못한 사람이 어떻게 깊은 즐거움을 만끽한단 말인가.

괴로움과 즐거움을 두루 겪은 다음에 얻은 복(福)이라야 오랫동안

지속할 수 있다. 의문과 믿음을 반복하여 깨달은 지식이 비로소 참된

것처럼.

○

홍자성

괴로움 뒤의
즐거움이 감격스럽다

뜨거운 태양을 견딘 열매가 더 달콤하고, 혹한을 이겨
내고 피어난 꽃이 더 대견하다. 누구에게나 고난이 달
가울 리 없지만, 괴로움 뒤에 만나는 즐거움이 더욱 감
격스러운 것도 엄연한 사실이다. 어차피 삶은 고락이
씨줄과 날줄을 엮어 만들어내는 한 필의 소박한 피륙
아닌가.

020

최후의 심판을 알리는 나팔이 울리면

나는 『참회록』 한 권을 들고

심판관인 신 앞에 서리라.

그리고 큰 소리로 거짓 없이 말하리라.

나는 이렇게 행했노라고.

나는 이렇게 생각했노라고.

나는 이렇게 삶을 살았노라고.

선악을 가리지 않고 솔직히 고백하리라.

어떤 잘못도 감추지 않고

어떤 선행도 과장하지 않고.

○

장 자크 루소

숨김없이
고백해야 한다

생을 경험한 우리 모두는 언젠가 『참회록』을 써야 할 것이다. 변변치 않은 몇 번의 선행뿐만 아니라 숱한 실수와 착각, 그리고 잘못을 숨김없이 고백해야 할 것이다. 나의 참회를 심판하는 대상은 어느 신일 수 있고, 나 자신일 수도 있다. 어쨌거나 인간이라면, 『참회록』을 쓰지 않을 도리가 없을 것이다.

021

인생을 살아가다 보면

누구나 위기와 마주할 때가 있다.

그때 별 고민 없이

친구나 이웃의 도움을 바라지 마라.

그러면 난관에서 벗어난다 한들

당신은 절대로 위기를 극복한 것이 아니다.

단지 위기를 피했을 따름이다.

만약 당신에게 어떤 위기가 닥친다면

인내하고 성찰하라.

거듭 인내하고 성찰하라.

그러면 당신은, 위기를 돌파할 수 있다.

○

장 앙리 파브르

인간에게는
의존병이 있다

정도에 차이는 있겠으나, 인간에게는 의존병이 있다. 툭하면 가족과 친구와 동료에게 자신을 기대려고 한다. 그러는 편이 어떤 문제를 혼자 해결하는 것보다 한결 쉬우니까. 사람은 서로 어울려 살며 도움도 주고받아야 한다지만, 인생은 본질적으로 각자도생이다. 자기 힘만으로 돌파해야 하는 지극히 개인적인 과제가 수두룩하다.

022

누군가에게 딱 맞는 신발이라도

다른 사람의 발에는 맞지 않을 수 있다.

모든 경우에 다 적용되는

삶의 비결이란

어디에도 존재하지 않는다.

○

카를 구스타프 융

하다못해
신발 사이즈도 제각각 아닌가

사람들이 인기 있는 대중 강연자에게 열광한다. 그가 공감(共感)을 양념 삼아 거침없이 쏟아내는 자기 계발과 문제 대응 솔루션에 환호를 보낸다. 그 순간 제각각일 수밖에 없는 사람들의 인생은 명료하게 일반화된다. 청중들은 대중 강연자가 가리키는 쪽으로 우르르 몰려가 자기 삶의 실체 없는 실마리를 찾으려 한다. 하지만 그와 같은 백문일답(百問一答)이 해결책이 될 수 없다. 하다못해 신발 사이즈도 제각각 아닌가.

023

교양의 목적은

지식으로서 견문과 학식을 키우고

행위로서 훌륭한 덕을 쌓는 것이다.

교양 있는 사람이라는 말의 의미는

단지 교육을 더 받고 책을 많이 읽어

박식한 것을 뜻하지 않는다.

진정으로 교양 있는 사람은

만물을 옳게 받아들여 사랑하거나,

옳게 받아들여 혐오할 줄 안다.

○

임어당

지식에
품위를 더해야 한다

지식보다 교양이 한 수 위에 자리하는 개념이다. 지식에 품위를 더해야 비로소 교양의 차원이 되기 때문이다. 그와 마찬가지로 지식인보다 교양인이 더 상위 개념이다. 사회적 출세의 관점에서라면 지식인이 우위에 있을지 모르나, 사회적 양심과 조화의 관점에서라면 교양인의 역할이 훨씬 더 중요하다.

024

공작은 다른 공작을 부러워하지 않는다.

왜냐하면 모든 공작은

자기가 펼친 꽁지깃이

세상에서 가장 아름답다고 생각하기 때문이다.

그러므로 공작은 평화로운 새다.

○

버트런드 러셀

시달리기에는
인생이 너무 짧지 않나

인간은, 특히 비좁은 땅에서 치열하게 경쟁하며 살아야 하는 한국인은 대를 이어 '비교'의 유전자를 각인하고 있다. 나름대로 노력해 근사한 꽁지깃을 펼치고도 자기보다 더 멋진 꽁지깃을 가진 타인에게 열등감을 품는다. 하지만 불필요한 열등감에 시달리기에는 인생이 너무 짧지 않나. 우리의 삶만큼은 상대평가 대신 절대평가로 바라봐야 하지 않을까?

025

당신은 타인을 처음 만났을 때, 그 사람을 해석하기 시작한다.
그리고 곧 그에 대한 관념을 만든다. 그러한 관념은 당신이 그
사람에게 갖는 이미지라고 할 수 있다. 시간이 흐를수록 그 사람은
중요하지 않고, 오직 당신의 관념만 존재할 따름이다. 그 사람은
머지않아 떠나버린다. 그와 달리 관념은 점점 더 선명해지고, 그
사람은 빠르게 잊힌다. 이제 당신은 그에 대한 관념과 더불어
살아가게 되는 것이다. 훗날 그 사람과 다시 마주하더라도,
당신은 그가 아니라 그에 대한 관념과 이야기를 나누는 셈이다.

○

오쇼 라즈니쉬

얼마나 많은 편견으로
타인을 기억하나

여기서 말하는 관념과 이미지는 다름 아닌 편견이다. 우리는 얼마나 많은 편견으로 타인을 기억하나. 그때의 편견은 그 사람의 실체와 거리가 먼 오해일 수 있는데, 우리는 얼마나 견고한 태도로 그것이 진실이라며 철석같이 믿고 있나. 내가 그 사람을 안다고 생각하는 것은 순전히 나의 착각일지 모른다. 나의 편견으로, 그 사람에 대해 함부로 지껄이는 것은 아닌지.

026

적과 맞붙어 싸울 때 과감하고,

패배했을 때 도전하며,

승리했을 때 관용을 베풀고,

평화로울 때 선의를 가져야 한다.

○

윈스턴 처칠

좀 더
나은 인간으로 만들어준다

윈스턴 처칠의 네 가지 조언 모두 평범한 사람들이 실천하기 매우 어렵다. 그것은 지독한 두려움 앞에서 용기를 갖고, 절망의 늪에서도 어떻게든 다시 희망을 품으라는 말이니까. 또한 승리의 쾌락을 절제해 패자를 너그럽게 용서하고, 평온한 일상에서 더 큰 욕망 대신 선량하고 소박한 계획을 가져야 하니까. 그럼에도 분명, 제때 어울리는 마음가짐이 우리를 좀 더 나은 인간으로 만들어준다.

추녀 끝에 걸어놓은 풍경도

바람이 없으면 그윽한 소리가 나지 않는다.

인생 역시 그와 같아

평온무사하기만 하면 행복을 알지 못한다.

삶은 기쁨이 있으면 슬픔이 있고

즐거움이 있으면 괴로움이 있는 것.

희로애락이 오가고 뒤엉켜

심금에 닿아야,

그제야 깊고 아늑한

인생의 교향악이 두둥실 울려 퍼진다.

○

헨리 워즈워스 롱펠로

이만한 평온을 누릴 자격이
내게 있는가

"어째서 나에게 이런 괴로움이 있는가!"라며 사람들
이 울부짖는다. "내가 이만한 평온을 누릴 자격이 있는
가?"라고 묻는 사람은 별로 없다. 모든 인생에는 괴로움
이라는 세금이 부과되는데, 사람들은 어이없게 자기만
그 굴레를 벗으려 한다. 아울러 자신의 기쁨과 즐거움에
얼마만 한 부끄러움이 있는지는 조금도 살피지 않는다.

028

인생은 평화와 행복만으로 장식할 수 없다.

시련이 필요하다.

그리고 노력과 투쟁이 있어야 한다.

자기 혼자만 그러한 듯

괴로워 말고, 두려워 말고, 슬퍼하지 마라.

참고 견디며 극복해가는 것이 바로 인생이다.

희망은 언제나

저기, 시련의 언덕길 너머에서 기다리고 있다.

○

폴 베를렌

어디
괴로움뿐이겠는가

괴테가 말했다. "괴로움이 남기고 간 것을 음미하라!"
어디 괴로움뿐이겠는가. 시련과 두려움과 슬픔이 휩쓸
고 간 뒤 깨닫는 무엇이 우리의 삶을 단단하게 만들 것
이다. 과연 저 언덕길 너머에 희망이 기다리고 있는지
는 확신할 수 없으나, 분명 우리의 삶이 허무맹랑하게
끝나지는 않을 것이다.

어떠한 고통의 외침도 한 인간의 고통의 외침보다 크지 않다.

어떠한 고통도 한 개인의 고통보다 크지 않다는 말이다.

구원의 가능성. 그 말을 쓸 수 있는 상황은 엄청난 고통을 겪고 있을

때뿐이다. 그런데 그 경우 구원의 가능성이라는 말의 뜻은 전혀

달라진다. 누구도 구원의 가능성을 진리인 양 인용해서는 안 된다.

구원의 가능성은 이론이 되지 못하는 것이다. 그때의 구원의

가능성은, 오히려 탄식이고 절규일 수 있다.

○

루트비히 비트겐슈타인

개인의 고통이
세상의 고통이다

개인의 고통이 세상의 고통이다. 한 개인이 사라지면, 적어도 그에게는 세상 역시 사라지고 마니까. 고통으로 신음하는 이에게 가벼이 구원을 이야기하는 것은 또 다른 고통을 안겨줄 뿐이다. 차라리 그의 세상에 들어차 있는 탄식과 절규에 귀 기울이는 편이 낫지 않을까.

030

정의의 여신 디케는

한 손에 인간의 권리를 헤아리는 저울을,

다른 한 손에 그것을 심판하는 칼을 들고 있다.

저울 없는 칼은

단순한 물리적 폭력일 뿐이며

칼 없는 저울은

아무것도 강제하지 못해 무기력할 따름이다.

저울과 칼이 조화를 이룰 때만

세상의 법이 정당한 권위를 갖는다.

○

루돌프 폰 예링

눈을 가리고,
저울과 칼을 가졌다

저울과 칼의 조화가 법률에만 요구되는 것은 아니다. 인간도 저마다의 가슴에 저울과 칼을 조화롭게 품고 살아야 한다. 저울 없이 칼만 쥐고 있다면 무뢰한일 것이며, 칼 없이 저울만 들고 있다면 우유부단한 방관자일 것이다. 여기에 덧붙여, 신화 속 디케가 두 눈을 가렸다는 사실을 명심해야 한다. 그것은 다름 아닌 편견과 선입견에 대한 경고다.

031

인간은 새장 속의 새처럼 자유롭다.

어떤 한계 안에서

인간은 자유롭게 날아다닌다.

○

요하나 카스퍼 라바터

여러 한계에 갇혀
자유로울 뿐이니까

인간은 자유를 갈망한다. 어떤 사람들은 한 걸음 더 나아가, 무한한 자유를 꿈꾸며 모든 구속과 통제를 거부한다. 그런데 완전한 자유란 것이 존재할 수 있을까? 어찌어찌 자유로운 상태는 가능하겠으나, 일체의 연결 없는 삶이 존재할 수 있을까? 아마도 불가능할 것이다. 인간은 자신의 재능과 역할, 가정, 국가 같은 여러 한계에 갇혀 자유로울 뿐이니까. 자유라는 단어는 새장 안에서 지저귀는 순진한 노랫소리일 뿐이니까.

032

그림을 그리려는 화가에게

자연은 저항한다.

그와 같은 자연의 거센 몸부림은

자신의 한계를 극복하려는 화가에게

훌륭한 약이 된다.

성실한 화가와 위대한 자연은

아주 깊은 어딘가에서 서로 악수한다.

자연은 확실히 거머쥐기 어렵다.

그럼에도 단단한 손으로

그것을 꼭 붙잡지 않으면 안 된다.

○

빈센트 반 고흐

성실의 힘을
외면할 수 없다

빈센트 반 고흐는 천재다. 좀 더 정확히 말해, 고흐는 부단히 노력한 천재다. 이 글에 고흐의 의지와 분투가 잘 드러나 있다. 고흐는 성실하게 노력한 화가였기에 아무나 들여다보기 어려운 자연의 아름다운 비밀을 캔버스에 옮길 수 있었다. 그러니, 하물며 범인(凡人)들이 노력과 의지와 성실의 힘을 외면할 수는 없는 노릇이다.

033

나는 귀 기울여 '문장의 소리'를 듣지 않고도 책을 읽을 수 있는
사람들을 알고 있다. 그들은 민첩한 독서가다. 나는 그들을 아이
리더(eye reader)라고 부른다. 그들은 단지 눈으로 훑어보는 것만으로
문장의 뜻을 파악한다. 그런데 내가 생각하기에, 그들은 결코 좋은
독자가 아니다. 왜냐하면 그들은 작가가 작품 속에 장치해놓은 가장
중요한 부분을 항상 놓치고 있기 때문이다.

○

로버트 프로스트

눈으로만
책을 읽는 사람이 있다

그냥 눈으로 책을 읽는 사람이 있다. 그런데 어떤 사람은 책을 눈으로 읽고, 귀로 듣고, 입으로 맛보고, 손으로 매만지고, 가슴에 품는다. 모든 책을 그렇게 대할 필요는 없겠으나, 어떤 책은 그렇게 대해야만 작가의 생각과 마음을 온전히 이해할 수 있다. 독자에게는 그처럼 가치 있는 책을 만나는 것이, 작가에게는 그런 독자를 만나는 것이 행운이다.

034

불행의 원인은 항상 자신에게 있다. 몸이 굽으니 그림자도 굽는 것이다. 그런데 어찌하여 당신은 다짜고짜 그림자가 굽은 것부터 한탄한단 말인가.

자기 자신 말고는 아무도 당신의 불행을 치유해줄 사람이 없다. 불행은 스스로 만들어내는 것이며, 스스로 치료해 낫게 할 수 있을 뿐이다.

당신이 진정 불행을 치유하기 원한다면, 무엇보다 마음을 평화롭게 가져라. 그러면 당신의 표정부터 따스하고 자애로워질 것이다.

○

블레즈 파스칼

자기 자신에게
책임이 있을 따름이다

자기 삶의 원인과 결과를 다른 삶으로 설명할 수는 없다. 여러 영향과 변수가 있겠으나, 인생에 대한 책임은 궁극적으로 자기 자신에게 있을 따름이다. 그러니 불행이라고 해서 다를 까닭이 있을까. 들판을 내달리다 넘어졌다고 돌부리를 탓할 수는 없다. 자신의 선택과 부주의부터 되돌아볼 일이다. 그리고 나서 훌훌 털고 일어나 상처를 살핀 뒤 다시 내달릴 일이다.

035

불행을 단지 불행으로 끝나게 만드는 사람은 지혜롭지 못하다. 불행 앞에 나자빠져 울먹이는 사람이 되지 말고, 불행을 또 다른 출발점으로 이용할 수 있는 사람이 되어야 한다. 불행은 삶의 곳곳에서 아무런 예고 없이 우리를 기다리고 있다. 설령 총명한 사람이라 해도 불행을 전부 예감해 대비하는 것은 불가능하다. 하지만 자기에게 닥쳐온 불행을 딛고 서서, 그 속에서 새로운 길을 발견할 힘은 누구에게나 있다. 불행이 때때로 인생의 유쾌한 자극제가 되기도 하는 것이다. 우리는 모두 자기 자신을 위해 불행을 이용할 능력을 갖추고 있다.

○

오노레 드 발자크

모든 인생에는
얼마큼씩 불행이 주어진다

인간의 차이는 '자세'가 만든다. 자세 대신 태도, 마음가짐, 관점이라고 할 수도 있겠다. 모든 인생에는 얼마큼씩 불행이 주어진다. 그런데 그것을 대하는 자세에 따라 불행이 단지 슬픔이나 패배에 그치기도 하고, 때로는 한 걸음 더 도약하는 발전의 촉매가 되기도 한다. 불행이 행복을 검출하고 정량하는 시약(試藥)일 수도 있다는 말이다.

036

당신이 걱정하는 일들을 떠올려보라. 누가 나를 원망할지 모른다고?
또다시 어떤 일에 실패할지 모른다고? 아니면, 집에 도둑이 들지
모른다고? 그런 걱정이라면 당장 떨쳐버려라. 아직 일어나지 않은
불확실한 일에 대해 걱정할 필요는 없다. 그것은 심신을 지치게 하고
생활의 의욕을 사라지게 할 뿐이다.

당신이 지금 하는 걱정 중에 현실이 될 만한 것은 별로 없다. 그나마
그중 99퍼센트는 오늘이 아니라 어느 미래의 일이다. 아울러 돌이킬 수
없는 일에 대해 자꾸만 걱정하는 것도 졸렬한 짓이다. 걱정해봤자
괴로움만 밀려드는 지난 일에서 자신을 해방해라. 그것이 마음의
평화를 얻는 가장 분명한 길이다.

○

메일 카네기

걱정의 속박에서
자유롭기는 쉽지 않다

아마도 인간의 머릿속에 걱정만큼 큰 지분을 갖는 것도
없지 않을까. 인생의 걱정은 그야말로 첩첩산중이다.
현실에 따라 그 내용은 다르겠으나, 누구도 걱정의 속
박에서 자유롭기는 쉽지 않다. 지금 이 순간에도 우리
의 머릿속은 소용없는 걱정과 쓸데없는 걱정으로 가득
하지 않나. 그래서 마음의 평화를 얻는 길이 멀 것이다.

037

나이를 먹는다는 것이 반드시 노쇠나 인간적인 기능의 약화만을
의미하는 것은 아니다. 오히려 그와는 반대로 우리의 내면에서
감춰졌던 눈을 뜨게 하는 일이며, 눈이 어두워지는 일이 아니라
밝아지는 일이다. 젊은 날에 내가 가졌던 그 밝다고 생각했던 눈은
따지고 보면 주관적인 자기중심적 그것에 불과하며, 사람을
사람으로, 나무를 나무로 볼 수 있는 눈은 나이를 먹음으로써 비로소
열리게 되는 것이다.

○

박목월

세월의
또 다른 힘이다

나이 먹는다고, 사람이 근본적으로 달라지지는 않는다. 나이가 사람을 저절로 철들게 하거나 깨어나게 하는 것도 아니다. 나이와 상관없는 자각과 탐구가 변화를 불러올 따름이다. 그럼에도 어느 면에서는 나이를 먹어야 비로소 보고, 듣고, 느끼게 되는 것이 있다. 그것이 세월의 또 다른 힘이다. 나이 들어가는 것이 꼭 쇠락만은 아니다.

038

완전한 존재,

완전한 의식,

완전한 환희는

정신과 육체가 하나로 되었을 때

비로소 생겨난다.

그것은 곧

육체화한 정신이며 정신화한 육체다.

육체가 없는 정신은 유령에 지나지 않으며

정신이 없는 육체는 시신에 지나지 않는다.

○

프리드리히 막스 뮐러

둘의 조화가
기쁨을 가져온다

누군가 "정신이 육체를 지배한다!"라고 소리친다. 정말 그런가? 몸과 마음에, 정신과 육체에 서열이 있나? 무엇이 더 중요하고, 무엇이 덜 중요한가? 부질없는 논쟁이다. 세상에 나고부터 몸과 마음은, 정신과 육체는 운명 공동체다. 몸이 허물어지면 마음이 울고, 정신이 스러지면 육체가 갈피를 잡지 못한다. 둘의 조화가 존재의 기쁨을 가져온다.

039

마음이 평온해지려면 머릿속에 불쾌한 기억을 불러들이지 말아야

한다. 길에서 시궁창이 있는 곳을 피해 가듯, 불쾌한 기억에는 멀리

거리를 두어야 한다. 굳이 기분 나빴던 지난 일을 기억하는 것은

바람직하지 않다. 대부분의 사람들은 현재가 불행하다기보다,

쓸데없이 불쾌한 기억을 간직해 불행한 것이다. 그와 같은 기억을

벗어버릴 수만 있다면 오늘 하루는 그 자체로 즐거움이다.

○

아우렐리우스 아우구스티누스

현재만
영향을 끼치는 것은 아니다

누구나 현재를 살아가지만, 인간의 행복과 불행에 현재만 영향을 끼치는 것은 아니다. 다 지나간 일인 줄 알았던 과거가 삶을 옥죄고, 아직 다가오지 않은 미래가 삶을 불안정하게 만든다. 어쩌면 과거와 현재와 미래가 막 뒤섞여 인생을 이끌어가는 것은 아닐까. 그렇다면, 과거의 언짢음과 미래의 불안감을 어떻게 제어하느냐가 현재에 중요할 것이다.

040

인생에는 어떤 목표를 향해 힘차게 나아가는 의지력이 필요하다.
또한 그와 함께 이미 지나가버린 일에 대해 체념할 줄 아는 자세도
반드시 지녀야 한다. 앞으로 나아갈 때는 전력을 다해 내달리고,
멈추고 물러설 때는 기꺼이 미련을 접는 마음이 중요한 지혜다.
최선을 다해 인생을 살아가던 사람이 어떤 실수나 실패로 자신을
망가뜨리는 이유는 그 일에 대해 지나치게 상심하기 때문이다.
그 사람은 체념이 행복의 조건인 것을 깨달아야 한다.
인생이 하룻밤의 꿈처럼 덧없다고 생각하는 마음은 일종의 체념이다.
자기가 겪은 어떤 실패를 계기로 스스로 자신을 낮추게 되는 것이라고
말할 수 있다. 물론 인생을 아무렇게나 되어도 좋다는 식으로
내팽개치는 태도는 바람직하지 않다. 그것은 자학과 다름없다.
그럼에도 우리의 인생에는 체념이 필요한데, 적극적인 체념은 어제의
실패를 오늘의 출발점으로 삼는다.

○

버트런드 러셀

만족도

체념을 의미한다

체념이 항상 포기를 뜻하는 것은 아니다. 때로는 만족
도 체념을 의미한다. 더 이상 안달복달하지 않고 걸음
을 멈추는 것. 더는 애면글면 속 태우지 않고 마음을 거
두는 것. 그리고 이만하면 됐다며 스스로 위안하는 것.
그런 만족도 있다. 그런 체념이 있다.

041

나는 궁지에 빠졌을 때 그 문제를 스스로 해결하는 것이 상책이라고
생각한다. 많은 사람들이 어떤 문제에 맞닥뜨렸을 적에 스스로
해결책을 찾기보다 타인에게 도움을 청하려고 한다. 그러나 다른
사람들의 도움은 언제나 확실치 못한 것. 미약하면 미약한 대로,
부족하면 부족한 대로, 가장 확실한 것은 나 자신에게서 찾는
힘이다. 나의 문제는 나 자신에게 맡기는 것이 무엇보다 분명하고
안전한 것이다.

○

미셸 드 몽테뉴

끝내
개별적 존재이기 때문이다

인간은 사회적 동물이다. 인간은 사회를 형성해 끊임없이 다른 사람들과 상호작용을 해야만 삶을 영위할 수 있다는 뜻이다. 하지만 그 말은 절반쯤 맞고, 절반쯤 틀리다. 인간은 사회적 동물이면서, 끝내 개별적인 존재이기 때문이다. 특히 인생을 살아가며 맞닥뜨리는 어떤 문제들은 누구의 도움으로도 해결하는 것이 불가능하다. 자기 스스로 자신을 구원할 수밖에 없다.

042

많은 사람들이 자기 자신에게 아첨한다. 남의 일에 대해서는 엄격하고 냉정하면서, 일단 자신의 일이 되면 불공평한 판단을 하기 일쑤다. 툭하면 자기 편의에 기울면서 때때로 지나치게 흥분하는 태도를 보이기도 한다. 그런 모습은 결국 자신을 망치는 지름길일 뿐이다. 그러니 남에게 그러하듯 자신에게 엄격하고 냉정해지는 것이야말로 반드시 가져야 할 마음가짐이라고 할 수 있다. 다만, 자기를 너무 책망하다가 심신이 괴로움에 빠져 절망감에 허덕이는 상황은 경계해야 한다.

○

프랜시스 베이컨

자기 자신을
어떻게 바라봐야 할까

자기 자신을 어떻게 바라봐야 할까? 너무 관대하면 한없이 나태해지고, 너무 야박하면 몸과 마음이 피폐해지지 않나. 그래도 더 많은 사람들이 반성해야 할 쪽은 자기 자신을 지나치게 관대히 바라보는 것이겠지. 내가 나를 편애하며, 내가 나에게 알랑거리는 한심한 짓거리를 그만 멈춰야겠지.

043

자기를 스스로 사랑하려면

자신이 가진 결점에

관용을 베풀어야 한다.

그렇다고 인생의 기준을 낮춘다든가

최선의 노력을 게을리해도 좋다는 말은 아니다.

단지 우리 모두는

항상 백 퍼센트 훌륭할 수 없다는 점을

이해하라는 것이다.

타인에게 백 퍼센트의 인격을 기대할 수 없듯,

자신에게 그런 기대를 갖는 것은

건방진 독선(獨善)이다.

○

데일 카네기

어떻게
무오류와 무결점의 삶을 사나

완벽주의자는 고달프다. 다들 그만하면 괜찮다는데, 완벽주의자는 무오류와 무결점을 좇다 스스로 지치고 쇠약해진다. 세상에 결함 없는 완전함이 어디 있단 말인가. 세상의 모든 피조물이 어떻게 무오류와 무결점의 삶을 산단 말인가. 그것은 또 다른 이름의 독선일 뿐이다.

044

우리는 스스로 미혹하고,

역경에서 헤매며 살아왔을 뿐이다.

우리는 모두 아무런 이유 없이

지금껏 살아온 사람들이다.

각각의 존재는

항상 어리둥절하고, 어쩐지 불안하고,

다른 사람들과는 아무런 관계없는

잉여 인간인 것을 느끼고 있다.

○

장 폴 사르트르

그럼에도
계속 걸어가야 한다

인생을 살다 보면 문득문득 존재의 혼란과 불안을 품게 마련이다. 세상에 괴리감을, 타인에게 부조화를 느끼기도 한다. 바로 그 지점에서 등장하는 것이 실존주의다. 사르트르는 인간이 어떻게 살아가느냐에 따라 인간의 본질이 결정된다고 주장했다. 아, 미혹과 역경의 삶을 어떤 사유와 의지로 헤쳐 나가야 하나. 눈앞에 짙은 안개가 가득한데, 그야말로 오리무중인데, 그럼에도 우리는 계속 걸어가야 하는데.

045

나는 걷던 걸음을 멈추고 그리고 어디 한번 이렇게 외쳐보고 싶었다.

날개야 다시 돋아라.

날자. 날자. 날자. 한 번만 더 날자꾸나.

한 번만 더 날아보자꾸나.

○

이상

박제가 되어버린
삶을 살고 있다

이상의 작품 『날개』에 나오는 문장이다. 소설은 "박제
가 되어버린 천재를 아시오?"로 시작해 "한 번만 더 날
아보자꾸나."로 끝난다. 거의 모든 사람들이 천재는 아
니지만, 아주 많은 사람들이 소설 속 인물처럼 박제가
되어버린 삶을 살고 있다. 그래서 그들은 꿈꾼다. 날개
야 돋아라, 한 번만 더 날아보자, 라고. 유한한 삶이 저
물기 전에 마음 깊은 곳의 소망을 한 번만 더 활짝 펼쳐
보자고.

046

인간은 의지와 신념으로 행동하는 동물이 아니다. 인간은 자주
상황에 따라 행동하며, 때에 따라서는 의지와 신념까지 상황에
맞춰 뒤바꿔버린다.
어떤 사람들은 자신의 믿음이 틀린 것으로 판명됐을 때, 그 사실을
좀처럼 인정하지 않는다. 나아가 현실을 자신에게 유리하게끔
왜곡하기도 한다.

○

레온 페스팅거

도대체
의지와 신념이 뭐였더라

"원칙대로 한다."라는 말은 몹시 지키기 힘든 원칙이다. 인간에게는 원칙이 아니라 상황 논리에 따르려는 영악함이 있으니까. 사람들은 그 편이 이익과 편리를 가져다준다는 현실을 잘 알아 헌신짝처럼 원칙을 내팽개친다. 도대체 의지와 신념이 뭐였더라? 시치미 떼며 가만히 있기만 해도 다행인데, 진실까지 왜곡하니 더 문제다. 그러니 "원칙대로 한다."라는 말은 함부로 할 수 없다.

047

당파심이 강한 사람은

논쟁할 때

문제의 진실에 대해 주의하지 않는다.

자기가 속한 당파에만

무조건 치우치는 사람은

어느 한쪽만 편드는 이기심에 빠져 있다.

그는 단지

자신의 주장에 동의하는 추종자들만

더욱 확신시키는 데 열중할 뿐이다.

○

플라톤

인간의 내면에도
알고리즘이 작동한다

알고리즘(algorism)은 정보통신기술 용어에 그치지 않는다. 인간의 내면에도 알고리즘이 작동한다. 믿고 싶은 것만 믿으며, 그것을 계속 복제하고 확장하는 것. 그중 일부는 자기의 믿음을 신념으로 변장해 동조자와 추종자를 만든다. 그러고는 계속 동조자와 추종자의 이목을 가리며 진실을 왜곡한다. 그들은 스스로 만든 세상의 혼란에 카타르시스를 느낀다.

048

눈을 감아라.
그러면 보일 것이다.

○

새뮤얼 버틀러

눈만
시각 기능을 갖는 것은 아니다

눈만 시각 기능을 갖는 것은 아니다. 인간은 머리로도, 마음으로도 무엇을 볼 수 있다. 신체의 어느 기관이 아닌 영혼의 기관으로 보는 것이 있다고 말해야 하겠다. 그때는 오히려 눈이 시각을 방해한다. 눈을 감아야 더욱 선명히 떠오르는 무엇이 있다. 이를테면 미움과 그리움 같은 것. 또 부끄러움과 미안함 같은 것. 그리고 내 곁에 없는 당신과 어디 먼 나라의 행복 같은 것.

049

어떤 뭔가가 불만족스럽더라도

놀라워하지 마라.

그것이 바로,

우리가 삶이라고 부르는 것이니까.

사랑하고 일하라.

사랑하고 일하라.

그것이 삶의 전부다.

○

지크문트 프로이트

걸핏하면
잡생각이 밀려든다

인간의 마음은 무시로 평온이 깨진다. 인간의 머릿속에
는 걸핏하면 잡생각이 밀려든다. 내 뜻대로 되는 일은
거의 없고, 주위 사람들은 하나같이 제 앞가림으로 바
쁘다. 그런데, 그런 것이 인간의 비루함 아닌가? 그것
이 어쩌지 못하는 인생 아닌가? 더 이상 삶이 쓸쓸하지
않으려면 두리번거리지 말아야 하리. 그냥 전력을 다해
사랑하고 일해야 하리. 그것뿐이리.

사람의 눈물에는

선한 눈물과 악한 눈물이 있다.

그중 선한 눈물은

사랑이나 회한 같은

정신적 각성으로 흘리는 것이다.

그와 달리 악한 눈물은

자신에 대해,

그리고 자기가 해낸 선행에 대해

스스로 아첨하는 것이다.

○

레프 톨스토이

어떤 눈물은
보석보다 귀하다

어떤 눈물은 보석보다 귀하다. 공감의 눈물, 반성의 눈물, 인내의 눈물 같은 것이 그렇다. 그때 흐르는 눈물에는 진심이 담겨 지상의 어느 언어보다 아름답게 소통한다. 그러나 또 어떤 눈물은 쓰레기보다 하찮다. 과장의 눈물, 투정의 눈물, 비겁의 눈물 같은 것이 그렇다. 그때 흐르는 눈물에는 거짓이 담겨 드라마의 한낱 소품처럼 감정을 흉내 낸다.

051

대학 교육의 목적은 너무 실제적이 아닌 편이 바람직하다.
젊은이들은 대학에서 장사를 배우는 것이 아니라 지식을 얻기 위해
공부한다. 우리는 모두 생계를 꾸릴 방법을 찾아야 하지만, 그와
동시에 어떤 태도로 인생을 살아가야 하는지에 대해서도 공부하지
않으면 안 된다. 물론 현대 사회는 다수의 기술자를 필요로 한다.
그렇지만 현대 사회가 기술자의 세계를 욕망하는 것은 아니다.
여전히 대학 교육이 유효하다면, 젊은이들은 전 세계의 다양한
지식을 어떻게 읽고 어떻게 이해할 것인지에 대해 배워야 한다.

○

윈스턴 처칠

생존 이상을
가르치고 배워야 한다

70여 년 전, 어느 대학에서 윈스턴 처칠이 한 연설 중 일부다. 이 시대를 살아가는 대학생에게도 의미가 있어 보인다. 아니, 실사구시를 넘어 실용 만능주의에 빠져 있는 모든 사람이 귀 기울일 만한 내용이다. 시대 변화에 따라 교육의 기능 역시 달라져야겠지만, 그럼에도 인간의 교육은 '생존' 이상을 가르치고 배워야 한다.

052

법률에 위반되지만 않으면 무슨 행동을 하든 괜찮다고 믿는 것은
잘못이다. 법률은 사회 공동체에서 누구나 반드시 지켜야 하는 눈에
띄는 규칙들을 정의했을 뿐이다. 그 밖에도 인간이 인간으로서 마땅히
따라야 하는 사소하지만 중요한 규칙들이 있다. 그런 것들까지 굳이
법률로써 규제하지 않는 까닭은 인간에게 공통된 가치가 존재하기
때문이다. 다름 아닌 도덕과 염치가 그것이다.

○

루키우스 안나이우스 세네카

법률이
인간 그 자체일 수는 없다

복잡다단해진 현대 사회에 법률의 중요성은 두말할 나위 없다. 어느덧 법률 서비스라는 말에 너나없이 거리낌 없는 시대가 되었다. 어떤 상식과 도의보다 법률의 규정이 위력을 발휘한다. 하지만 법률이 개입해 조정하는 것은 인간사(人間事)지, 인간 그 자체일 수는 없다.

053

독재자들의 결점 중 하나는

유머를 모른다는 것이다.

독재자들은 대개

지나치게 엄숙하며

성난 얼굴을 하고 있다.

그들은 자기 스스로 위대하다고

자만하는 탓에

조화(調和)의 감각을 잃어버렸다.

○

임어당

나의 마음속에도
독재자가 산다

포악한 정치 지도자만 독재자라고 일컫는 것은 아니다.
사회에도, 가정에도, 심지어 나의 마음속에도 독재자가
산다. 사실 독재자를 탄생시키는 책임은 공동체 구성원
들에게 있다. 일상에서 불쑥 고개를 쳐드는 내 마음속
독재자는 다름 아닌 내가 만드는 것이다. 얼핏 조화로
운 척하는 더 무서운 독재자가 등장하지 않도록 경계를
늦추지 말아야 한다.

054

나뭇잎에서 빛나는

한 방울의 이슬에도

다이아몬드의 아름다움이 있다.

땀투성이 농부의 얼굴에도

화려한 왕관에 견줄 만한

광휘(光輝)가 반짝인다.

○

로버트 번스

그럼에도
시인은 말한다

시인의 말은 거짓된 찬탄인가? 아니면, 과장된 공염불인가? 시인이란 족속은 그렇게 사람들을 현혹해 이성을 마비시키는 궤변의 유혹자인가? 일찍이 '시인 추방론'을 펼친 플라톤의 주장에 충분히 공감할 만하지 않나? 그럼에도, 그와 같은 의심에도, 시인은 다시 말한다. 땀투성이 농부의 얼굴이 국왕의 부귀 영광 못지않게 반짝인다고. 땀 흘리며 분투하는 삶이 가장 아름다운 보석이라고.

원인과 결과가 분명치 않은

우연적 사건과

선뜻 짐작조차 되지 않는

미지의 사건에

자주 맞닥뜨리는 우리의 인생은

무용보다,

레슬링에 가깝다고 할 만하다.

○

마르쿠스 아우렐리우스

레슬링과
다를 바 없다

레슬링은 격투기다. 격투가 뭔가? 서로 맞붙어 치고받으며 싸우는 것이다. 선수들의 몸은 금세 땀범벅이 되고 호흡은 점점 더 가빠진다. 때로는 뼈가 부러지고 살이 찢겨 비명과 선혈이 흥건하다. 로마 황제가 생각하기에도, 인간의 삶은 너나없이 한바탕 뒤엉켜 각축을 벌이는 레슬링과 다를 바 없다. 삶은 무용처럼 다정하거나 우아하지 않다.

056

전쟁은 평화를 잃지 않기 위해,

일은 여가를 즐기기 위해,

필요한 것은

숭고한 것을 위해 존재해야 한다.

기꺼이 전쟁과 일을 감당해야 하지만

그보다 한층 더

평화와 휴식을 위해 살아야 한다.

○

아리스토텔레스

세태에 날리는
경고처럼 들린다

'평화를 지키기 위한 전쟁'이나 '휴식을 만끽하기 위한 노동' 같은 슬로건은 익숙하다. 그런데 '필요한 것은 숭고한 것을 위해 존재해야 한다.'라니. 참신하다. 날카롭다. 필요한 것을 구하기 위해 너무나 간단히 숭고한 것을 외면해버리는 세태에 날리는 경고처럼 들린다. 실리와 소용만 좇는 삶을 향해, 인간이 조금이나마 거룩해지기를 바라는 충고다.

당신에게 질병이 생겼다면, 그것은 육체의 병이지 마음의 병은
아니다. 만약 다리가 부러졌다면, 그것은 어디까지나 다리를 다친
것이지 당신의 마음에 문제가 발생한 것은 아니라는 말이다.
그와 같은 원리를 명확히 깨닫는다면 당신은 어느 때나 온전히
마음을 보전할 수 있다. 누군가 당신을 욕한다면 그 사람의 입에
말썽이 난 것이지, 당신의 마음이 고장을 일으킬 이유는 없다. 당신은
자주 자신의 마음과 상관없는 일에 쓸데없이 신경 쓰며 괴로워한다.
그런 고통은 당장 떨쳐버려라. 당신의 마음은 무엇에도 상처받지
않게, 당신 스스로 잘 지켜낼 수 있다.

○

카를 힐티

마음은
자주 악천후에 시달린다

평온한 마음을 갖고 산다면 얼마나 좋을까. 그런데 마음은 자주 악천후에 시달린다. 타인의 평판과 자격지심, 때로는 엉뚱한 상상력이 마음의 분란을 일으킨다. 툭하면 폭풍우 휘몰아치는 마음 앞에서 얼마나 더 망연자실해야 하나. 평정심을 가져야 내 마음이 진정 나의 것이라고 말할 수 있을 텐데.

058

멸망에 이르는 문은 크고 또 그 길이 넓어서 그리로 가는 사람이
많지만 생명에 이르는 문은 좁고 또 그 길이 험해서 그리로 찾아드는
사람이 적다.

○

『신약성서』

거기에도
인생이 있으니까

종교적 해석은 따로 있겠으나, 삶의 방향에 대한 은유로 읽어도 괜찮을 듯하다. 요즘 세태는 자녀에게, 학생에게 너나없이 '크고 넓은' 길을 가리킨다. 워낙 많은 사람들이 가려 하니 경쟁이 만만치 않지만, 그 길이 가져다줄 안락과 영화를 외면하지 못한다. 하지만 그것이 누구에게나 생명에 이르는 길은 아닐 것이다. 어떤 사람들은 여전히 '좁고 험한' 길에 스스로 들어선다. 세상이 업신여기지만, 거기에도 인생이 있으니까.

059

행복을 자기 자신의 것이 아닌 데서 발견하려는 생각은 잘못이다.
현재의 생활이든 미래의 생활이든, 자기 자신의 일상 속에서 행복을
찾아야 한다. 아울러 불행을 겁낼 때 당신은 어느새 불행에
빠져들고 만다. 지레 불행을 두려워하는 자가 불행을 맞이하게 되기
때문이다. 나는 생각한다. 잘 되겠다고 노력하는 그 이상 잘 사는
방법은 없으며, 실제로 잘 되어간다고 느끼는 그 이상 큰 만족은
없다고. 이것이 내가 지금껏 살아오며 경험하는 행복이다. 그와 같은
마음가짐이 행복인 것을 나의 양심이 증명한다.

○

소크라테스

곁을
유심히 살펴보아야 한다

우리는 타인의 행복을 훔끔거리면서 자기 곁엘 있는 행복에는 좀처럼 눈길을 주지 않는다. 행복은 원체 무색무취해 놓치고 잃어버리기 쉬운 것. 나의 손길이 닿는 곳에 어떤 행복이 있는지 유심히 살펴보아야 한다. "행복을 추구하는 것도 중요하지만, 행복을 누릴 자격을 갖추는 일이 더욱 중요하다."라고 한 임마누엘 칸트의 말을 유념해야 한다.

060

나는 알고 있다.

인간은 다른 사람들의 일이나

다른 사람들에 대한 평가에

별로 관심이 없다는 것을.

인간은 이른 아침부터 늦은 밤까지

끊임없이 자신에 대해 생각한다.

남이 죽었다는 소식보다

천 배나 만 배쯤

자신의 가벼운 두통에 마음을 쓴다.

○

데일 카네기

그러니
어쩌란 말인가

"남의 등창이 제 여드름만 못하다."라는 말이 있다. 그
러니 어쩌란 말인가? 애당초 타인에게 공감이나 동정
을 바라지 말라는 것이다. 비관주의자의 견해일지 모
르나, 그것이 인간의 속성이니까. 안타깝지만 어쩌겠는
가. 옆 사람이 끙끙 앓아도, 나는 코까지 골며 잘 잔다.
사랑하는 이가 죽었는데, 나는 장례식장에서 맛있게 육
개장을 먹는다.

061

물처럼 행동하는 것이 좋다. 물은 방해물이 없는 한 멈추지 않고 흐른다. 그러다가 둑을 만나면 머무르고, 둑을 치우면 다시 흐르기 시작한다. 물은 자기를 담는 그릇을 따른다. 그와 같은 성질이 있어, 물은 무엇보다 강한 힘을 갖는다.

세상에 물보다 부드러운 것은 없다. 하지만 거칠고 단단한 물체 위에 떨어질 때 물보다 더 위력이 센 것도 없다. 그토록 약한 것이 끝내 강한 것을 이긴다. 진짜 뛰어난 군대는 호전적이지 않다. 잘 숙련된 병사는 함부로 날뛰지 않는다. 아랫사람을 부리는 데 능란한 사람일수록 겸손을 잃지 않는다. 겸손은 물과 같아 무저항의 덕이며, 하늘의 명에 일치한다.

○

노자

물을 떠올려보면
괜찮을 것이다

상선약수(上善若水)라고 했다.『도덕경』에 나오는 말로,
"최고의 선은 물과 같다."라는 뜻이다. 윤선도는 자신의
시조 작품에 "좋고도 그칠 뉘 없기는 물뿐인가 하노라."
라고 썼다. 이따금 물을 떠올려보면 괜찮을 듯하다. 도
대체 핏대 세우며 아득바득할 일이 뭐란 말인가.

062

뚜벅뚜벅, 계속 걷는 사람이 경쟁에서 이긴다.

○

이솝

자기 분야에서
승리한다

아무리 속도와 첨단을 지향하는 시대라 하더라도 '우보
만리(牛步萬里)'는 진리다. 저기 멀리 있어 언제 가나 싶은
목적지도 한 걸음 한 걸음 걷다 보면 결국 다다르게 되
는 경험을 하지 않나. 그야말로 소걸음이 만 리를 간다.
한 페이지 한 페이지 읽다 보면 지성을 갖추게 되고, 한
방울 한 방울 땀 흘리다 보면 자기 분야에서 승리한다.

063

"한 번에 성공하지 못하면 몇 번이고 다시 도전하라!"라는 통속적인

격언만큼 어리석은 것도 없다. "한 번에 성공하지 못하면 한 번만 더

시도해보라. 그래도 안 되면 다른 일을 찾아 도전해보라."라고

조언하는 편이 실제적으로 더 도움이 된다. 왜냐하면 성공의 확률은

여러 차례 시도를 거듭할수록 높아지기는커녕 반대로 낮아지기

때문이다.

○

피터 드러커

이 길이
정말로 적합한가

"열 번 찍어 안 넘어가는 나무 없다."거나 "우물을 파도 한 우물만 파라."라는 속담은 아직도 유효할까? 여전히 그 나름대로 의미가 있겠으나, 빠르게 달라지는 시대 환경 속에 효과적으로 방향 전환을 하라는 조언도 일리가 있다. '이 길이 정말로 나에게 적합한가?', '과연 이 분야에서 나의 재능을 극대화할 수 있을까?', '나는 불굴의 의지와 무모한 도전 중 어느 쪽에 서 있는가?' 같은 질문을 자기 자신에게 해보라는 말이다.

064

세상에 태어나 한 번도 좋은 생각을 갖지 않은 사람은 없다. 다만 그것이 계속되지 않을 뿐이다. 어제 맨 끈은 오늘 느슨해지기 쉽고, 급기야 내일은 전부 풀어질지 모른다. 나날이 다시 끈을 여미어야 하듯, 사람의 결심도 매일 다짐하고 또 다짐해야 변하지 않는다.

사람에게는 가끔 맹렬한 불길같이 노여움에 사로잡히고, 가마솥의 끓는 물같이 욕망이 치받는 순간이 있다. 또한 사람은 그것을 알아 스스로 억누르고자 하는 마음도 갖는다. 그럴 때 용기 내어 지속적으로 자신을 뉘우친다면 불길 같은 노여움과 끓는 물 같은 욕망을 물리칠 수 있을 것이다. 하지만 사람은 매 순간 반성하는 태도를 지니지 못해 자신을 망치고 만다. 사람은 항상 돌이켜보고 참회할 줄 알아야 스스로 자신을 보호한다.

○

홍자성

무척
변덕스럽다

인간의 마음은 무척 변덕스럽다. 스스로 자신을 탓하며 뉘우치다가도, 조금만 살 만해지면 다시 오만과 만용이 고개를 내민다. 그러므로 핵심은 지속성이다. 지속적으로 결심하고 반성해야 품격을 잃지 않는다.

065

밤은 습관적인 공동생활의 감정을 벗어나게 한다. 불빛 하나 없이
작은 인기척조차 들리지 않을 때, 혼자 깨어 있는 자는 적막을 느끼며
자기 자신에게 의지한다. 그것은 도저히 피할 수 없는 고독한 처지다.
혼자 살며, 오로지 혼자 고통과 공포와 죽음을 실감하며 견뎌야
한다는 저 무서운 인간적 감정이 모든 생각 속에 깊이 스며든다.
그리하여 건강하고 젊은 사람에게는 경고가 되며, 나약한
사람에게는 전율을 일으키게 한다.

○

헤르만 헤세

밤은
온전한 고독의 시간이다

철학에서 정의하듯, 인간은 단독자다. 아무리 무리 지어 신나게 떠들어봤자, 분주한 낮이 지나고 밤이 찾아오면 모든 인간은 새삼 단독자의 운명을 깨닫는다. 밤은 유희의 시간인가? 밤은 재충전의 시간인가? 그럴 수도 있겠으나, 밤은 온전한 고독의 시간이다. 오로지 혼자인 단독자가 쓸쓸히 자신의 내부를 들여다보는 시간이다.

066

인간은 저마다 자신의 방식대로 살아간다. 그리고 고지식하게,
자신만의 삶의 방식을 고집하는 어리석음도 범한다. 하지만
생활에는 여러 가지 변수가 뒤엉키는 법이니, 언제나 똑같은
방식으로 살아간다는 것이 자연스러운 일은 아니다. 그렇게 한 가지
방식에 구속당하는 것은 긴 세월 한자리에만 놓여 있는 물건과 다를
바 없다. 즉 있는 것이지, 사는 것이 아니라는 말이다.
훌륭한 정신은 융통성을 지녀야 한다. 단 한 가지 삶의 방식에
매달리는 것은 자신을 노예화하는 결과를 불러온다. "나는 이런
사람이다." 하며 기존의 방식에서 한 걸음도 나아가지 못하는
태도는 자기 자신에게도 충실하지 못한 것이다.

○

미셸 드 몽테뉴

일렬종대로
내달린다

인생이 가진 경우의 수는 얼마나 될까? 아주 많다고 하기는 어려워도, 분명 단 하나만 있지는 않을 것이다. 그런데 물질문명이 발달할수록 사람들은 삶의 다양성을 외면하려고 한다. 게다가 어떤 두려움 때문인지 변화를 꿈꾸지도 않는다. 그냥, 다들 일렬종대로 내달린다.

067

사람들은 평생 보물을 찾아 헤맨다. 어디로 가면 노다지를 구하게 될까 쉴 새 없이 주변을 두리번거린다. 그러나 보물은 우리의 눈앞에 있다. 현재의 이 시간이 더없이 소중한 보물이다. 지금의 이 시간을 어떻게 이용하느냐에 따라 미래가 달라진다. 만약 하루를 헛되이 보낸다면, 그것은 삶의 큰 손실이다. 그와 달리 하루를 보람 있게 보낸다면, 그토록 찾아 헤매던 하루치 보물을 제 품에 안는 것이다. 아무 의미 없이 하루를 소모하는 것은 자신의 몸과 마음을 덧없이 소모하는 것과 다르지 않다.

○

린든 존슨

생애의 하루가
저마다 소중하다

인간의 수명을 80년으로 가정한다면, 하루쯤이야 새 발의 피 같아 무심히 허비해도 괜찮을 듯하다. 하지만 그 하루를 허투루 낭비하는 사람의 인생이 극진(極盡)할 가능성은 높지 않을 것이다. 매일 뭔가를 좇으며 살아갈 필요는 없겠으나 전 생애의 하루하루가 저마다 소중하다는 사실은 잊지 말아야 한다.

068

물질을 좋아하면서도 물질에 얽매이지 않고, 그 물질에 아름다움을
입히는 태도는 위대하다. 모든 물질에 사랑의 옷을 입힐 수 있는
마음을 가져라. 그 물질이 본래 가진 아름다움 이상으로, 우리의
마음이 그것을 더욱 아름답게 할 것이다. 그런 태도가 바로 진실한
생활이며, 이 세상을 진정 우리의 것으로 만드는 길이다. 모든 물질에
아름다움과 사랑을 줄 때, 우리는 이 세상에 참되게 봉사한다.

○

라빈드라나트 타고르

인간도
무수한 물질들 가운데 하나다

인간도 무수한 물질들 가운데 하나다. 따지고 보면 인간의 몸도 수소, 산소, 탄소, 질소, 칼슘, 인 같은 화학 원소들의 조합이기 때문이다. 그러므로 모든 물질에 아름다움과 사랑을 주라는 타고르의 조언은 인간도 포함하는 말이다. 나 아닌 타인에게 아름다움을 입히는 태도. 나 아닌 타인에게 사랑을 건네는 마음. 그만큼 위대한 일이 어디 있을까. 비로소 세상에 평화가 가득할 것이다.

069

우리 앞에는 숱한 부조리가 놓여 있다. 사람들은 그 부조리를 향해 정의를 외친다. 그 정의는 저항의 모습으로 나타난다. 그런데 부조리를 개선하려는 저항의 출발점을 어디에 두느냐 하는 것이 문제다. 만약 부조리를 물리치기 위해 또 다른 부조리를 범한다면 어떻게 될까? 그것은 결코 부조리에 대한 해결책이 아니다. 우리 앞의 어떤 부조리를 또 다른 부조리로 바꿔놓을 뿐이다.

○

앙드레 모루아

세상의 부조리는
좀처럼 사라지지 않는다

부패한 권력자를 끌어내리니, 그 자리에 또 다른 부패 권력이 들어선다. 결점 있는 제도와 규칙을 바꾸니, 또 다른 결점이 새로운 제도와 규칙을 훼손한다. 정의와 개선과 진보를 외치며 저항해봤자 세상의 부조리는 좀처럼 사라지지 않는다. 부조리는 사라지는 것이 아니라 시의적절하게 변신할 따름이다. 그 점을 해결하려면, 우리의 저항이 더욱 고결해야 한다. 썩은 물을 희석하려면 결국 더 깨끗한 물을 들이부어야 한다.

070

모든 악은 서로 연관성을 갖는다. 그러므로 하나의 악이 또 다른 악으로 번져 확대되고는 한다. 작은 불만이 질투로 변하고, 그 질투가 남을 모함하거나 해하는 단계로 변화하는 것이다. 그러다 보면 악의적인 거짓말을 하게 되고, 못내 흥분하여 폭력적인 행위까지 서슴지 않게 된다.

우리는 깨달아야 한다. 마음에 깃드는 불만의 싹을 일찌감치 잘라내는 일이 거대한 악의 뿌리를 자라지 않게 한다는 것을. 우리는 늘, 언뜻 보잘것없어 보이는 불만을 다스리기 위해 세심한 주의를 기울여야 한다는 것을.

○

버트런드 러셀

사소한 것이
파국으로 치닫는다

어떤 기미를 무심히 지나쳐 머지않아 종잡을 수 없는 사태에 맞닥뜨리고는 한다. 그렇게 건강을 해치고, 관계가 틀어지며, 사업을 망치는 것이다. 사소한 불만이 미움으로, 그것이 증오로, 그것이 다시 파국으로 치닫는 경우도 흔하다. 작은 불씨를 허투루 지나치지 않아야 큰불을 예방할 수 있다.

071

아이들을 좀 더 유용한 인간으로 만들기 위해

우리가 교육에 찬성하는 것이 아니다.

훗날 사회에 나가 일하는 어른이 되었을 때

좀 더 좋은 인간이 될 수 있도록

학교를 만들어 아이들을 교육하는 것이다.

학교를 여는 것이 감옥을 닫는 길이기도 하다.

○

빅토르 위고

사색과 성찰을
가르치지 않는다

오늘날의 학교는 사색과 성찰을 가르치지 않는다. 도덕과 규범을 가르치기는 하지만, 그마저 기능과 효율에 밀려나기 일쑤다. 사회는 그와 같은 교육으로 무엇을 얻는가? 유용한 인간이다. 혁신하는 인간이다. 다시 말해 쓸모 있게 전진하는 인간이다. 그리하여 세상에 무용(無用)한 반성은 설 자리가 없어졌다. 뒤돌아보기는커녕 제자리걸음조차 용납하지 않는다. "좀 더 좋은 인간"이라니. 그런 관념은 이제 졸업식 훈화 말씀에나 들어 있을 뿐이다.

072

사랑한다는 것은 둘이 마주 보는 것이 아니라 함께 같은 방향을

바라보는 것임을 우리는 경험으로 안다.

○

앙투안 드 생텍쥐페리

그 마음 역시
사랑일 것이다

생텍쥐페리의 자전소설 『인간의 대지』 곳곳에 아름다운 문장이 있다. 사랑에 관한 아포리즘도 그중 하나다. 둘이 마주 보는 사랑보다 함께 같은 방향을 바라보는 사랑의 유효기간이 훨씬 더 길지 않을까. 그는 작품 속에서 "인간이 된다는 것, 그것은 바로 책임을 지는 거야. 자신과 관계없는 것처럼 보이는 비참함 앞에서도 부끄러움을 느끼는 일이지."라고도 말했다. 그 마음 역시 사랑일 것이다.

073

우리의 관심사는 생각보다 빠르게 달라진다. 그러므로 우울한 일은 예상보다 덜 우울할 것이고, 기쁜 일 또한 우리를 영원한 행복으로 데려가지 못한다.

인생을 살아가면서 우리에게 석 달 넘게 영향을 끼치는 사건은 얼마 되지 않는다.

○

대니얼 길버트

다 그렇지는
않을 것이다

다 그렇지는 않을 것이다. 어떤 우울과 슬픔은 일생을 송두리째 불태울 듯 강렬하게 들이닥칠 것이다. 다 타버려 시커먼 재가 된 것 같다가도, 한 움큼 바람에 시뻘건 아픔이 문득 되살아날 것이다. 그러나 또한 전부 그렇지는 않을 것이다. 아주 많은 인생의 우울과 슬픔이 강물 위에 떠 흘러가는 나뭇잎처럼 금방 지나가버릴 것이다. 그러면 우리는 다시 살아가야겠지. 또 다른 기쁨과 희망을 그리며, 또 다른 우울과 슬픔을 뒤로하며.

윌리엄 셰익스피어는 처음부터 위대한 극작가가 되려고 하지 않았다. 그가 매 작품을 쓸 때마다 후대에 남을 명작을 탄생시키겠다고 다짐한 것도 아니다. 그는 상당수 작품을 단지 생활비를 벌려는 목적으로 쓰기 시작했을 뿐이다.

물론 처음부터 위대한 업적을 꿈꾸며 어떤 일에 매달리는 사람도 있다. 하지만 사람의 일은 대부분 일상생활과 연관되는 경우가 많다. 그런 까닭에 처음부터 너무 먼 데를 바라보고 무리한 걸음을 내디디며, 섣불리 자기 자신을 개조하려고 시도하지 않는 편이 바람직하다. 평범한 사람일수록 실현 가능한 능력에 충실한 것이 곧 더 나은 자기 자신을 발견하는 길이다. 처음부터 위대한 업적에 집착하면 감당하기 어려운 정신적 부담을 짊어지게 돼 자칫 자기혐오에 빠지기 쉽다.

그러므로 우리는 먼저 일상생활에 충실하겠다는 자세를 갖는 것이 중요하다. 그러다 보면 어느새 평범함 속에서 자신의 힘을 발견하게 된다.

○

루퍼트 굴드

첫 자음을
입력해야 한다

원고지 1천 매 분량의 소설을 쓰려면, 컴퓨터 모니터에 첫 자음을 입력해야 한다. 언젠가 에베레스트산에 오르고 싶다면, 먼저 동네 뒷산에 첫걸음을 내디뎌야 한다. 대단한 일의 시작은 그처럼 사소하고 미약하다. 사소하고 미약한 것은 대개 일상 속에 있다.

075

나에게는 선택해야만 한다는 것이 항상 견디기 힘든 일이었다.

무엇을 선택한다는 것이 어느 하나를 취하는 일이라기보다, 그 밖의

다른 가능성을 모두 물리치는 일이라고 생각했기 때문이다.

나에게 선택의 문제는 영원히 다른 모든 것을 포기해버리는 것이나

다름없었다. 살다 보면 다른 모든 것이 내가 선택한 어느 하나보다

훨씬 좋아 보이기도 했다.

○

앙드레 지드

하지만
어쩌겠는가

이쪽을 선택하는 순간 저쪽이 더 근사해 보이고, 저쪽을 선택하고 나면 이쪽에 미련이 남는다. 그런 까닭에 사람들은 선택의 갈림길에서 자주 허둥대고, 망설이며, 혼란하다. 무엇을 선택하는 일은 때때로 어렵기 짝이 없다. 하지만 어쩌겠는가. 선택의 연속이, 그로 인한 갈등과 환희와 비탄의 뒤죽박죽이 인생이기도 한 것을.

나는 세상을 살아오면서

네 가지 금언(金言)을 깨달았다.

하나, 남을 해치는 말은 하지 마라.

둘, 상대가 받아들이지 않는 충고는 하지 마라.

셋, 세상에 불평하지 마라.

넷, 이러니저러니 구구절절 설명하지 마라.

○

로버트 스콧

누구나
깨달음을 얻는다

누구나 인생을 살아가면서 깨달음을 얻는다. 누구라도 네 가지 금언쯤은 적을 수 있다. 그런데 그 내용이 천차만별이겠지. 누구는 타인과 세상에 대한 환멸로, 또 누구는 용서와 이해의 언어로 금언을 완성할 것이다. 어쩌면 삶에 대한 깨달음이 아니라 생존을 위한 처세만으로 빼곡한 금언도 있겠지. 나의 금언에 내 인생의 희망과 윤리, 도전과 상처가 고스란히 담겨 있다.

077

다른 사람들과 만나고 교류하는 것을 즐기는 인간은 가면 속에서

지내기 십상이다. 그는 자신으로 돌아오는 시간이 거의 없는 형편이므로,

대부분의 시간을 자기와 관계없는 타인으로 지낸다. 그러다 보면 정작

자기 자신으로 돌아와야 할 때는 초조한 기분이 들기도 한다. 그에게

있어서는 실제의 정체성이 아무런 의미가 없고, 다른 사람들과

함께하며 표면에 내보이는 모습이 전부라고 할 수 있다.

○

장 자크 루소

정체성에
방해가 될 수 있다

"사교성이 좋다."라는 평가는 긍정적인가, 부정적인가? 다른 사람들과 갈등 없이 즐겁게 지내는 것에 시비 걸 이유는 없겠으나, 그런 상황에서 누구나 자신의 실체를 진솔하게 내보이기는 쉽지 않겠지. 아무래도 어느 정도는 본모습을 각색하게 마련일 터. 따라서 지나친 사교성은 자기 자신의 정체성을 지켜나가는 데 방해가 될 수도 있겠지.

078

많은 어른들이 자기가 경험한 것을

아이들에게 가르치려고 든다.

그리하여 아이들이 어떤 교훈을 얻게 되기를

내심 기대하는 것이다.

하지만 그와 같은 교육 방식은

아이들에게 별로 효과를 미치지 못한다.

이미 그 어른들이 몸소 깨우쳤듯,

가장 좋은 교육은

윗사람이 말로써 하는 가르침이나 훈계가 아니라

아이들 자신이 스스로 발견하는 것이다.

○

메이비드 로런스

때가 되어야
비로소 알게 되는 것이 있다

때가 되어야 비로소 알게 되는 것이 있다. 먼저 경험했다고 하여 아무리 잔소리해봤자, 젊은 세대가 윗세대의 깨달음을 말이나 글로 다 전수받는 것은 불가능하다. 본인이 직접 부딪혀 깨지면서 시행착오를 겪어봐야 절감하게 되는 것이 많기 때문이다. 그것이 인간의 한계이고, 그러니까 세상이 계속 다사다난한 것이다.

079

아이가 어른을 궁금해할 때

너무 가까이 다가가면 일부만 보게 될 뿐이다.

그렇다고 너무 멀리 물러서서 바라보면

자세히 살펴야 하는 것을 놓치기 십상이다.

아이가 어른을 올바르게 이해하려면

스스로 어른이 되어야만 한다.

사물의 관찰에 있어 가장 중요한 것은

무엇보다 자기 자신의 성장이다.

○

요한 볼프강 폰 괴테

기쁨과
슬픔도 그렇다

세상만사 내가 직접 겪어봐야 제대로 알게 되는 일이 무수히 많다. 단지 머릿속 공감을 넘어 실감하고 절감하려면 직접 맞부딪혀 느껴보거나 세월의 힘을 빌려 깨달아야 한다. 이를테면 기쁨과 슬픔도 그렇다. 앞서 말했듯, 그것이 인간의 한계이면서 또한 인생의 묘미기도 하다.

080

사람을 사랑하되 그가 나를 사랑하지 않거든, 나의 사랑에 부족함이
없는지 살펴봐라. 사람을 다스리되 그가 나를 따르지 않거든, 나의
지도에 잘못이 없는지 살펴봐라. 사람을 존중하되 그가 나에게
보답하지 않거든, 나의 존중에 부족함이 없는지 살펴봐라. 무엇을
행하였는데 얻는 것이 없다면, 모든 일에 대해 나 자신부터
반성하라. 내가 올바르다면 천하가 모두 나에게 돌아온다.

○

맹자

순서를
바꿀 수는 없다

내가 상대방을 탓하면, 그가 달라질까? 나는 항상 할 만큼 하는데, 세상이 나를 몰라주는 걸까? 그렇지 않을 것이다. 아직 나의 사랑이 부족하고, 나의 언행에 잘못이 있으며, 나의 노력이 미치지 못하는 탓이다. 나 자신부터 반성하고 변해야 타인과 세상이 응답한다. 그 순서를 바꿀 수는 없다.

081

나는 언제나 노동한다. 그리고 늘 생각한다. 내가 어떤 돌발 상황에
맞닥뜨렸을 때 당황하지 않고 해결책을 마련할 수 있는 까닭은
여러 가지 경우의 수를 미리 생각해두기 때문이다. 단언컨대, 내가
천재라서 다른 사람들은 좀처럼 해결하기 어려운 문제를 빠르고
효과적으로 처리해온 것이 아니다. 그것은 평상시 한시도 멈추지 않는
사색과 반성의 결과다. 나는 식사할 때나, 극장에 가서 오페라를
관람할 때나 끊임없이 생각하고 또 생각한다. 나의 머릿속은
언제나 이런저런 생각으로 분주히 움직인다.

○

나폴레옹 보나파르트

생각은
힘이 세다

생각은 힘이 세다. 인간은 생각하므로 과거를 반성하고, 현실에 대해 궁리하며, 미래를 계획할 수 있다. 그러므로 생각이 부족한 인간은 뼈저리게 반성하지 않고, 곰곰이 궁리하지 않으며, 치밀히 앞날을 계획하는 일에도 뒤처지게 마련이다.

082

사람은 누구나 선(善)을 향해

자기 자신을 높이고 발전시켜야 한다.

신은 우리에게

충분한 선을 주지 않았다.

다만 우리가 올바르게 살아갈 수 있는

가능성을 보증했을 뿐이다.

그러므로 누구나 자기 자신을

선을 향해 이끌어가기 위해 노력해야 한다.

그 목적을 달성하는 것이

다름 아닌 인생이다.

○

임마누엘 칸트

선을 향한
노력이 필요하다

'선을 행하고자 하는 순수한 동기에서 나온 의지'를 '선의지(善意志)'라고 한다. 그것을 처음 이야기한 철학자가 임마누엘 칸트다. 그는 선의지만이 제한 없이, 무조건 선하다고 말했다. 선의지가 없으면 인간의 지성, 용기, 기지, 판단력, 결단성 같은 것이 극도로 악해져 해가 될 수 있다고 보았다. 그러니 인간에게는 선을 향한 노력이 필요하다.

083

어떻게 행동할까 망설이지 마라.

진리의 빛이 당신을 인도할 것이다.

오래전부터 내려오는 관습을 존중하되,

거기에 구속되지는 마라.

이따금 관습이 진리를 짓밟는다.

그러므로 관습보다는 진리가

당신의 행동을 인도하지 않으면 안 된다.

아울러 책임을 다하며 행동하라.

책임을 저버린 생활에서는

진정한 즐거움을 찾아볼 수 없다.

○

루키우스 안나이우스 세네카

무조건
따라야 하는 것은 아니다

오랜 세월에 걸쳐 사회에 뿌리내린 질서와 풍습은 존중받아야 한다. 그러한 관습에는 선조들이 살았던 삶의 처지와 지혜가 깃들어 있기 때문이다. 하지만 그렇다고 해서 관습을 그대로 따라야 하는 것은 아니다. 어떤 관습이 현재의 삶을 옥죄고 억압한다면, 더는 그것을 전통이라는 명분으로 강요하지 말아야 한다.

084

사람들은 자기 침묵에 파묻혀 살아간다.

서로 옆구리를 스치며 자기 길을 갈 뿐이다.

이따금 하나 마나 한 말들을 주고받을 뿐이다.

그러나 어느 때 위험한 순간이 닥치면,

사람들은 서슴없이 서로를 돕기 시작한다.

그들은 너나없이 같은 운명 공동체라는 사실을

새삼 발견하는 것이다.

사람들은 다른 사람들이 내보이는 양심에

불현듯 마음이 넓어지고,

전에 없이 활짝 웃으며 자기 자신을 돌아본다.

그것은 오랜 수감 생활을 마친 죄수가

넓은 바다를 바라보며 감격하는 마음과 같다.

○

앙투안 드 생텍쥐페리

결국
인간이다

인간에 대해 실망한다. 나도 똑같은 인간이면서 인간의 부정과 허위를 혐오한다. 그런데 그토록 형편없어 보이는 인간이, 종종 인간이기에 갖는 연민과 공감을 내보이지 않나. 그럴 때면 나는 잠시 가슴이 벅차오르기도 한다. 인간을 분노하게 하는 것도, 반성하게 하는 것도, 희망하게 하는 것도 결국 인간이다.

085

흔히 "너 자신을 알라."고 말한다.

분명 현명한 인생의 교훈이지만,

그것을 실행하기는

불가능에 가까울 만큼 어렵다.

그에 비해 "너의 시간을 알라."는 말은

그럴 의사만 있다면

누구나 어렵지 않게 이해할 수 있다.

또한 그것을 실천에 옮김으로써

자신의 삶을 향상시키는 첫발을 내딛게 된다.

○

피터 드러커

물처럼
시간을 낭비하지 않나

"인생은 시간으로 되어 있다."라고 벤저민 프랭클린이 말했다. 누구나 알고 있고, 누구나 할 수 있는 이야기다. 하지만 그렇다고 해서 누구나 그 속뜻을 헤아리는 것은 아니다. 우리는 하수구에 쏟아버리는 물처럼 자주 시간을 낭비하지 않나. 내 몫의 물리적 시간은 어찌할 수 없지만, 그것의 화학적 변화는 나의 마음가짐에 달려 있다.

086

꾀꼬리 울음소리는 아름답다 하고 개구리 울어대는 소리는 시끄럽다 하는 것이 보통의 인정(人情)이다. 어여쁘게 핀 꽃은 귀여워하고 마구 우거진 이름 모를 잡초는 보기 싫다며 뽑아버리는 것이 또한 보통의 인정이다.

그런데 어느 것이 좋고 어느 것이 나쁘다거나, 어느 것이 곱고 어느 것이 밉다는 구별은 모두 다 사람의 감정에 따른 것이 아닌가. 인간의 눈이 아니라 대자연의 눈으로 만물을 바라보라. 그러면 꾀꼬리 울음이든 개구리 울음이든 저마다 생명의 노래일 뿐이니. 그러면 꽃을 피운 풀뿌리나 꽃 없는 풀뿌리나 다 같이 생명 있는 것의 모습일 뿐이니.

○

홍자성

함부로
차별하는 것이다

만물의 영장이라는 '인간 중심적 사고' 탓인가? 인간은 자기들 맘대로 세상을 구획하고 생명을 유린한다. 원래 한 덩어리인 바다와 대지를 오대양 육대주로 나누고, 생명의 가치를 함부로 차별하는 것이다. 하지만 대자연의 관점에서는 인간 역시 한낱 물방울이며, 흙 알갱이며, 스쳐 지나가는 한 줄기 바람일 뿐이다. 지금까지 살다 간 인간의 웃음과 눈물을 전부 모아놓아도 대자연의 하룻밤을 채우지 못한다.

087

뱀처럼 땅바닥을 기어다니는 사람은 키 작은 수풀이나 흙먼지만 볼

수 있을 뿐이다. 먼 곳을 살펴보려면 독수리처럼 힘차게 저 높은 하늘로

날아올라야 한다. 사람들은 모두 자기만의 창으로 세상을 내다본다.

우물 안에서 살아가는 개구리는 하늘의 넓이를 기껏해야 우물의

넓이로 이해할 따름이다.

당신의 창문을 활짝 열어라! 지금 당신이 보고 느끼는 것보다 훨씬

더 깊고 광활한 세계가 있다는 사실을 깨달아라!

○

알렉세이 아푸흐틴

밖을 궁금해하는
사람들이 있다

자기가 보고 듣고 느끼는 것이 곧 자신의 한계다. 그럼에도 그것이 세상의 전부라고 믿는다면 안타깝고 한심한 노릇이다. 사람들은 저마다의 우물에 갇혀 일생을 살아간다. 그 안에 틀어박혀 제 잘난 맛에 기고만장하며 해찰스럽다. 아주 드물게, 조용히 우물 밖을 궁금해하는 사람들이 있다.

088

자기가 어제 한 실패를 떠올리며 자꾸만 자신을 괴롭히지 마라.
어떤 한 가지 실패를 번번이 곱씹으며 괴로워하다 보면 다음 일에도
영향을 끼쳐 실패를 반복하기 십상이다. 한 번의 실패가 또 다른
실패의 원인이 되는 것이다.

어떤 일을 하려다가 실패했다고?

그때는 그 일의 실패를 바로 그 일의 실패로만 한정해 막을
내리겠다는 마음가짐을 가져야 한다. 사람이 때에 따라 체념하지
못하면 자기학대의 감정에 빠져들 위험이 있다. 그와 같은 부정적인
감정은 단지 자기 자신만 다치게 하는 것이 아니라 타인에게도
상처를 입힌다.

○

버트런드 러셀

슬픔에도
도미노 현상이 있다

살다 보면, 긍정이 긍정을 불러오고 부정이 부정을 불러오고는 한다. 성공의 에너지가 또 다른 성공을 이끌고, 실패의 절망이 또 다른 실패로 뒤엉키는 것이다. 그런 삶의 속성이 긍정과 성공일 때는 좋은데, 부정과 실패라면 큰 문제다. 만약 그렇게 안타까운 상황에 처한다면 자기 삶의 어느 부분을 냉철히 체념할밖에. 그리하여 슬픔의 도미노 현상을 막아낼밖에.

089

그 아들을 알지 못한다면 아버지를 보고,

그 사람을 모를 때는 벗을 보며,

그 땅에 대해 알지 못하면 초목을 보라.

선인(善人)과 한자리에 있으면

난초 가득한 방에 있듯 향기에 동화하고,

불선(不善)한 사람과 함께하면

생선 가게에 있는 것처럼 비린내에 찌든다.

그러므로 군자는

자기가 처하는 바를 삼간다.

○

공자

주변이 검으면
너나없이 시커메진다

나는 나고, 주변은 주변이다. 진흙밭에서도 연꽃은 피어난다. 맞는 말이다. 그런데 인간은 환경의 동물이라는 말도 있다. 유유상종, 근묵자흑. 그러니까 끼리끼리 논다는 이야기다. 주변이 검으면 너나없이 시커메진다는 뜻이다. 내가 어떤 사람인지 궁금하다고? 나와 가까이 지내는 사람들을 유심히 살펴보는 것으로도 해답을 찾을 수 있다.

090

어린아이는 부모에게 의지해 안정감을 느낀다. 스스로 애쓰지 않아도 외부의 여러 힘으로부터 보호받는다는 심리를 갖는 것이다. 어른이라고 해서 그런 기대에 무관심할 수는 없다. 어린아이가 부모의 품에서 평온하듯, 어른도 무언가 안정감을 얻을 대상을 찾는다. 어떤 사람은 종교에서, 어떤 사람은 남들로부터 존중받는 인격에서, 또 어떤 사람은 강력한 권세에서 안정감을 구하는 것이다. 하지만 어느 경우든 어른의 안정감은 자신에 대한 신뢰가 밑받침되어야 한다. 자기를 스스로 믿지 못하는 어른은 무엇에 의지한들 안정감을 얻기 어렵다.

○

메이비드 로런스

바람 앞의
촛불처럼 흔들린다

모든 인간은 나약하다고 원론적으로 이야기할 수 있다. 아무리 센 척해도 인간은 자주 바람 앞의 촛불처럼 흔들린다. 그래서 누구는 사랑을 찾고, 누구는 돈을 좇으며, 누구는 시를 읽는다. 또 누구는 길 떠나고, 누구는 허세 부리며, 누구는 아무것도 꿈꾸지 않는다. 하지만 다 무슨 소용이랴. 나를 지키는 것도 나를 허무는 것도, 나 자신일 뿐. 내가 나를 믿으며 또 한 걸음 내딛을밖에.

091

훌륭한 사람이 되겠다고 결심했다면

사소한 언쟁에 시간을 낭비하지 마라.

그런 일을 피하지 못하면

성질이 나빠지고 자제력을 잃을 뿐이다.

만약 상대방이 절반쯤 타당하다면

통 크게 양보하라.

만약 상대방이 전혀 타당하지 않다 해도

조금은 양보하라.

쓸데없이 시비를 가리느라 개에게 물리느니

차라리 길을 양보하는 편이 낫다.

설령 개를 죽인다고 해도 상처가 남는다.

○

에이브러햄 링컨

어쩌면
패배가 승리일 수 있다

"지는 게 이기는 것"이라고 한다. 모순도 이런 모순이 없다. 패배한 것이 어떻게 승리한 것인가. 그런데 인간사에는 분명 그런 경우가 있다. '피로스의 승리'라는 것도 있잖은가. 이겨도 얻는 것이 없는 승리. 이겨도 무의미한 승리. 그렇다면 차라리 싸움을 벌이지 말거나, "그래, 너 잘났어." 하며 승리를 양보하는 편이 낫다.

092

너무 어두우니까,

구원의 길이 없으니까,

혁명이 필요한 것 아닌가?

만약 앞날에 '광명'이나 '구원의 빛'이라는

확실한 보증서가 붙어 있어 혁명을 한다면,

그것을 혁명이라고 말할 수 없다.

그것은 단지 성공을 장담하지 못하는

한낱 투기에 지나지 않는다.

○

루쉰

그러니까,
혁명이다

혁명은 급진적 개혁이다. 자신의 전부를 바쳐, 때로는 목숨까지 담보해, 이전의 관습이나 제도 따위를 단번에 깨뜨리고 완전히 새로운 것을 세우는 일이다. 그것이 삶의 혁명이라면, 지금까지의 나와 전혀 다른 나로 살아가는 일이겠지. 모든 혁명은 실패의 확률이 압도적으로 높다. 불안과 두려움이 숙명이다. 그러니까, 혁명이다.

093

인간에게 가장 어려운 일이 세 가지 있다.

비밀을 지키는 것,

타인에게 받은 피해를 잊어버리는 것,

그리고

한가한 시간을 낭비하지 않는 것.

○

마르쿠스 툴리우스 키케로

여전히
한계를 극복하지 못했다

인류는 기원전 키케로 시대의 고민을 지금껏 해결하지 못하고 있다. 인간이라는 피조물의 태생적 한계를 여전히 극복하지 못했다고 말할 수 있겠다. 인간의 입은 왜 이렇게 가볍고 날카로운지. 인간의 망각은 왜 자기 편의나 자기 합리화의 수단으로만 작동하는지. 그리고 인간은 왜 아무것도 하지 않을 때조차 '자기(自己)'를 잃어버리고 마는지.

094

태평해 보이는 사람일지라도

마음을 두드려보면,

어딘지 모르게 슬픈 소리가 난다.

서로의 마음에 귀 기울여

제대로 두드려볼 수 있다면,

그들은 더없이 좋은 관계가 아닐까.

○

나쓰메 소세키

지금
어디가 아프니

자기 속을 쉽게 드러내 보이는 사람이 있다. 여기는 즐겁고, 저기는 속상하다고. 무엇을 좋아하고, 무엇을 싫어한다고. 어제는 슬펐고, 오늘은 행복하다고. 그런데 자기 속을 좀처럼 드러내 보이지 않으며 살아가는 이도 있다. 그 마음은 더 깊어서 가까이 다가가 귀 기울이지 않으면 아무 소리도 들을 수 없다. 그 사람이 없어도 괜찮다면 상관없겠으나, 내 삶에 그가 꼭 필요하다면 가만히 다가가 마음을 두드려보아야 한다. 똑. 똑. 똑. 어디가 아프니?

095

우리에게 강제로 "실례합니다."라는 말을 하게 하는 법률은 없다.
하지만 세상에는 어떤 법률보다 더 역사 깊고 신성한 사회적 관습이
있다. 그와 같이 오래된 질서와 풍습은 타인에게 친절히 행동하라는
가르침을 우리에게 전한다. "부탁합니다."라든가,
"고맙습니다."라는 말도 다르지 않다. 그런 말을 건네는 것은 우리가
인생을 살아가며 타인에게 보여야 할 최소한의 예의다. 사회라는
구조물이 원활히 유지되고 작동하도록 하는 사소한 에티켓이다.

○

얼 스탠리 가드너

모두

교양의 문제다

대단한 수고가 필요한 일이 아니다. 돈도 들지 않는다. 그럼에도 우리는 "실례합니다.", "부탁합니다.", "고맙습니다." 같은 말을 자주 생략해버린다. 그냥 앞사람을 밀치고, 대뜸 어떤 도움을 바라며, 상대방의 호의에 감사를 표하지 않는다. 모두 교양의 문제다. 아무리 평균 학력이 높아도 교양이 부족한 사회는 품위를 찾을 수 없다.

096

주거지나 교회에서 멀지 않은 곳에

묘지를 만들어

그곳을 분주히 오가는 사람들이,

심지어 어린아이들이

죽음을 두려워하지 않도록 해야 한다.

어쩌다 시신이나 해골을 보아도,

장례 행렬과 맞닥뜨려도

그것에 자연스럽게 적응하여

우리 모두가 가진

인간의 조건을 깨닫게 해야 한다.

○

미셸 드 몽테뉴

영원히
죽지 않을 것처럼 살아간다

잘 알려져 있다시피, 라틴어 '메멘토 모리(Memento mori)'
는 "자신의 죽음을 기억하라." 또는 "네가 언젠가 죽는
다는 사실을 기억하라."라는 뜻이다. 모든 인간은 반드
시 죽게 되는데, 많은 사람들이 영원히 죽지 않을 것처
럼 삶을 살아간다. 그러니 교만과 무례가 판을 치겠지.
자기 죽음을 잊지 않아야 겸손과 성찰을 안다.

인간이 자기 직업에서 행복을 얻으려면

다음의 세 가지가 필요하다.

첫째, 그 일을 진심으로 좋아해야 한다.

둘째, 그 일에 지나치게 매달리지 말아야 한다.

셋째, 그 일에 성공할 것이라는 믿음을 가져야 한다.

그제야 일하는 것이

인간에게 삶의 환희일 수 있다.

○

존 러스킨

마지못해 하는 일은
공허한 노동일 뿐이다

스스로 만족할 만한 직업을 갖는 것은 행운이다. 일한
다는 것이, 숱한 사람들에게 말 그대로 고역이지 않나.
오로지 먹고살려고 마지못해 하는 일은 공허한 노동일
뿐이다. 영혼은 어디에 쏙 빼놓은 채 껍데기만 일터로
나간 사람들에게 직업은 생활의 보람이 아니라 생활의
방편일 뿐이다. 진실로, 지속 가능하게, 일하는 기쁨을
느낄 수 있으면 좋으련만. 직업이 또 하나의 행복의 원
천이면 좋으련만.

098

가장 믿을 만한 쓸모 있는 용기란

눈앞의 위험을

올바르게 인식하는 데서 시작한다.

그러므로

조금도 겁을 내지 않는 사람은

차라리 겁쟁이보다

더 위험한 사람이라고 말할 수 있다.

○

허먼 멜빌

그 사이
어디쯤에 있을 것이다

'비겁한 자'라는 소리를 듣는다면 몹시 불쾌하겠지. 그렇다고 '만용을 부리는 자'라는 평가를 받는다면 불쾌함에 더해 억울함까지 치밀지 모를 일이다. 왜 위험을 살피는 사람을 겁쟁이로 몬단 말인가. 용맹을 어째서 분별없는 허세로 치부한단 말인가. 어쩌면 진정한 용기는 비겁과 만용 사이 그 어디쯤에 있을 것이다. 그렇다. 불안과 염려를 헤아리며 씩씩하게 내달을 줄 알 때, 비로소 '용기 있는 자'가 되겠지.

099

많은 세월을 함께한 친구를 대신할 만한 것은 없다. 오랜 벗은 만들어지는 것이 아니다. 그것은 공통된 추억들, 같이 겪어낸 괴로운 시간들, 숱한 불화와 화해, 파도쳤던 마음의 격동들이 쌓이고 쌓여 이루어지는 관계이기 때문이다. 세상에 그런 보물만큼 값어치 있는 것은 거의 없다고 해도 틀리지 않다. 그와 같은 우정이 한번 사라지고 나면 다시 만들어내는 것은 불가능하다. 누군가 참나무를 심었다고 해서, 오래지 않아 그 그늘 아래에 누워 쉬기를 바라는 것은 헛된 바람일 뿐이다.

○

앙투안 드 생텍쥐페리

인간의 감정이
그만큼 박약하다

"참다운 사랑은 희귀하다. 그러나 참다운 우정에 비하면 희귀하지 않다." 17세기 작가 프랑수아 드 라로슈푸코가 한 말이다. 인간의 감정이 그만큼 박약하다. 불꽃처럼 타오르는 연정과 굳게 맹세한 의리조차 순수성과 지속성을 의심받는다. 그러면 삶에 지친 몸은 어디에서 쉬어야 하나? 오랜 벗의 가치를 잃지 않으려면, 때로 사랑보다 더한 노력이 필요하다.

100

사람들은 흘러가지만 우주는 남는다.

○

가스통 바슐라르

우주를
잊지 않아야 한다

계속 팽창하는 우주에 수많은 별이 모여 형성한 은하가 2조 개쯤 된다는 것이 정설이다. 『코스모스』의 저자 칼 세이건은 지구가 속한 우리은하의 별만 해도 4천억 개에 달한다고 말했다. 우주는 인간의 언어로 표현하기 불가능할 만큼 드넓다. 그곳에서 먼지보다 작은 너와 내가 살아간다. 언젠가 우리는 몇 가지 원소로 분해되어 미지(未知)로 사라지겠지만, 그 후로도 아주 오랫동안 우주는 찬란할 것이다. 인간의 삶이 겸손해지려면, 우주를 잊지 않아야 한다.

101

시간이 언제나 당신을 기다려준다고 생각하지 마라. 게을리 걸어도
결국 목적지에 다다를 때가 있을 것이라는 생각은 잘못이다.
하루하루 전력을 다하지 않고는 보람이 없을 것이며, 당연히 최후의
목표에도 도달하지 못한다. 뭔가 의의 있는 일에 복종하는 것이
인간의 지혜다. 그런 삶의 방해물을 하나둘 정복해나가는 것이 다름
아닌 생활이다. 그렇게 정복하지 않고는 생활의 내용을 얻지 못한다.
삶을 나의 것으로 만들려면 그와 같은 정복이 반드시 필요하다.
당신의 하루하루가 정복의 의지로 빛나야 한다. 나는 지금 이 순간에
대해 강조하고 싶다. 자기 스스로 인정한 것을 이루기 위해 공부하고,
일하고, 노력하는 이 순간이야말로 아름답다! 지금 이 순간이 영원히
여기에 있으리라! 내가 전력을 다해 지낸 과거의 날들은 영원히
소멸하지 않으리라! 지금 이 순간 나는 가장 큰 행복을 예감한다.

○

요한 볼프강 폰 괴테

전력을 다하면
자신에게 바랄 것이 없다

자기가 가진 재능과 노력으로 전력(全力)을 다하면, 그
스스로 자신에게 더 이상 바랄 것이 없다. 결과가 기대
에 못 미치면 아쉬움은 남겠으나 온 힘을 쏟아냈으니
후회할 일은 아니다. 전력은 목숨까지 아끼지 않는 사
력(死力)이다. 그야말로 사력을 다하는 것이다.

102

사람들은 육체의 욕망을 천하게 여기고 정신만 떠받드는 일부
학자들의 가르침 때문에 도덕적인 생활을 매우 어렵게 생각한다.
육체를 하찮게 보고 정신의 희생물로 삼으려는 것은 큰 잘못이다.
육체의 욕망을 무시하는 것은 너무나 부자연스러운 일이다. 인간은 그저
자연스럽게 살아가면 되는 것이다. 그런 생활 속에서 누구나 도덕적인
규율을 가질 수 있다. 다시 말하건대, 평범한 사람들도 자연스러운
생활 속에서 충분히 도덕적인 규범을 실천할 수 있다는 말이다.
인간은 자기가 원하는 즐거움을 순리에 맞게 누릴 권리가 있다. 다만
그것은 몸의 건강과 정신의 안정을 흐트러뜨리지 않는 범위에서
이루어져야 한다. 육체의 건강과 정신의 안정을 해치는 것은 그
자체로 이미 부자연스러운 일이기 때문이다.

○

미셸 드 몽테뉴

한쪽이 망가지면
삶이 무너진다

정신과 육체는 반대 개념이 아니다. 정신을 외면한 채 육체에만 집착하는 것은 인간에 대한 무지이며, 육체를 무시한 채 정신만 떠받드는 것은 자연에 대한 무지다. 정신과 육체는 서로를 지지대 삼아 앞으로 나아간다. 어느 한쪽이 망가지면 삶이 무너진다.

103

나는 타인의 언행을

비웃지 않고,

한탄하지 않으며,

싫어하지도 않는다.

나는 오직 그 사람에 대해

깊이,

이해하려고 노력할 따름이다.

○

바뤼흐 스피노자

이해 없는 사랑이
얼마나 많은가

'이해'는 인간이 시도하고, 다다를 수 있는 최선의 감정 상태다. 그럼에도 세상에는 이해 없는 사랑이 얼마나 많은가. 이해 없는 미움이 또 얼마나 흔한가. 이해는, 타인을 제대로 분별하는 것이다. 따라서 이해 없는 사랑과 미움은 분별없는 사랑과 미움이다. 무분별한 사랑과 미움은 일차원의 감정 상태에 머문다. 그와 마찬가지로 이해 없는 용서는 망각일 뿐이며, 이해 없는 분노는 배설에 지나지 않는다.

104

자비는 강요받아 베푸는 것이 아니다. 그것은 하늘에서 단비가
내리듯, 조용히 메마른 땅을 적시는 마음이다. 자비의 덕은 주는
사람과 받는 사람을 모두 행복하게 만든다. 또한 그것은 가장 높고
훌륭한 사람이 행할 때 가장 위대한 것이 된다. 이를테면 왕좌에
앉아 있는 왕에게, 자비심은 왕관보다 더 찬란하게 반짝인다.

○

윌리엄 셰익스피어

분명히
자비심이 깃들어 있다

가톨릭 신자들이 하느님 앞에 무릎 꿇어 "자비를 베푸소서!"라고 기도한다. 자신의 죄를 참회하며 용서를 구하는 것이다. 그런데 자비심은 절대자만 갖는 것이 아니다. 사람들 개개인의 영혼에도 분명 자비심이 깃들어 있다. 다만 그것을 자비심보다 더 큰 노여움과 탐욕심, 시기심 따위가 가리고 있을 뿐이다.

105

자기보다 부족하고 못난 사람을 만났을 때, 그를 경멸해서는 안 된다. 유전된 재능은 유산만큼이나 자랑할 것이 못 되기 때문이다. 그러니 같잖은 우월감에 빠질 시간에 자기 자신을 더욱 충실히 하기 위해 전력을 다해 힘써라. 우리는 타인의 마음과 성격을 고칠 수 없으나, 나 자신을 간절히 바라는 대로 바꾸는 것은 가능하다. 진실로 나의 뜻과 의지에 복종시킬 수 있는 것은 나 자신뿐이다. 그런데 왜 타인이 나의 비위를 맞추지 않는 것은 탓하면서, 자신의 몸과 마음을 자기에게 복종시키려고는 하지 않는가.

○

아우렐리우스 아우구스티누스

내가 바꿀 수 있는 것은
나 자신뿐이다

흔히 사람들은 나 아닌 다른 사람들을 불평하고 원망한
다. 자기도 사회 현실에 영악히 가담하면서 자기가 속
한 사회를 부정하고 비난한다. 그렇다고 해서 나의 취
향대로 타인이 달라지거나, 이 사회가 하루아침에 내
입맛대로 환골탈태할 리 없다. 어쩌면 내가 바꿀 수 있
는 것은 나 자신뿐이다. 내가 나를 개선하다 보면 타인
과 세상도 달라질지 모를 일이다.

106

작품을 창작하는 일은

나무에 꽃을 피우는 것과 같다.

나무를 심어 어여쁜 꽃을 보려는 사람은

먼저 뿌리를 깊이 묻고

곧게 줄기를 세워야 한다.

그리고 여러 날이 지나

가지마다 진액이 오르고 잎이 무성한 뒤,

비바람을 견디며 햇살을 머금은 뒤,

마침내 꽃이 피어 기쁨을 얻게 된다.

꽃은, 나무 밖에서 가져오지 못한다.

○

정약용

꽃은
밖에서 가져올 수 없다

작품 창작이 그럴진대, 인생이야 말해 무엇 할까. 인생은 자생(自生)하는 것이다. 결국 자기 자신의 힘으로 살아나가는 것이라는 뜻이다. 단 한 번의 인생이 피우려는 어떤 꽃을 '밖'에서 가져올 수는 없다. 모든 희비애환이 내 '안'에서 자생한다.

'허무주의'란 무엇을 의미하는가?

최고의 여러 가치가 보잘것없이 되어버리는 것.

목표라고 할 만한 무엇이 없어지는 것.

"왜?"라는 물음에 대답이 없는 것.

○

프리드리히 니체

나도 그렇고,
당신도 그렇다

내 주변이 아무것도 없이 텅 빈 듯하다. 모든 것이 무가
치하고 무의미해 마음이 비애(悲哀)로 가득하다. 니체가
자신에게 묻는다. "내 집은 어디에 있는가?"라고. 허무
주의자는 폐허를 떠도는 한 줌 바람이다. 삶을 살아가
다 보면 그런 때가 있다. 나도 그렇고, 당신도 그렇다.
하지만 살아 있으니 허무한 것. 허무해도, 살아 있으니
다시 아침을 맞이해야 하는 것. 우리의 내부에 어떻게
생명의 불씨를 되살릴 수 있을까?

108

인간의 욕구가 어느 정도 진정되면 곧 내부의 심층이 동요하기 시작한다. 무엇인가 인간을 뒤흔들고, 눈뜨게 하고, 지휘하고, 자극을 주고, 은밀히 조종하는 것이다. 그 무엇은 바로 정신이다. 무궁무진한 의문들로 가득 차 있는 정신이다.

정신은 우리의 내면에 누가, 무엇이, 어디서, 언제, 왜, 어떻게, 어떤 방법으로 등의 질문을 끊임없이 제기한다. 정신은 과거를 현재에, 미래를 과거에, 일말의 가능성을 확실성에, 이미지를 명확한 사실에 대립시킨다. 정신은 진보한 것인 동시에 낙후된 것이다. 또한 건설하는 것이면서 파괴하는 것이고, 우연한 것이면서 계산된 것이다.

○

폴 발레리

미로에 갇혀
안간힘을 쓴다

정신은 넋이고 마음이다. '인간 정신'이라고는 해도 '동물 정신'이라는 말은 없다. 지크문트 프로이트의 정신분석학도 오직 인간 정신에 관한 통찰이다. 그 정신 때문에 인간은 갈등하고 방황하며, 이해하고 용서한다. 현재에서 과거를 살거나, 거짓을 짐짓 진실로 여기기도 한다. 날마다 정신의 미로에 갇혀 안간힘을 쓴다.

109

사람들이 내보이는 열정은

모래알만큼 많아 다양한 모습을 띤다.

어느 것 하나 하찮게 보아 넘길 것이 없다.

그런데 고상한 것이든 야비한 것이든

사람들의 열정이 마침내 갖게 되는

하나의 공통점이 있다.

그것이 처음에는 인간에 대해 유순하지만,

나중에는 인간을 지배하는

잔혹한 폭군으로 변해버리고 만다는 사실이다.

○

니콜라이 고골

머물러야 할 곳에
머물지 못한다

열정 없는 삶은 건조하다. 어떤 일이나 감정에 한때나마 자신의 전부를 바칠 듯 몰입하지 못하는 삶은 김빠진 탄산수요, 팥소 없는 팥빵이다. 그렇게 살아도 한평생이겠으나, 그렇게 살면 더 회한이 깊지 않을까? 그런데 열정의 과잉도 그다지 바람직하지는 않은 듯하다. 열정으로 쉽게 들끓는 사람은 머물러야 할 곳에 가만히 머물지 못한다.

110

마치 하루가 저만치 죽어가기라도 하듯

저녁을 바라보라.

그리고 만물이 또다시 태어나기라도 하듯

아침을 바라보라.

○

앙드레 지드

오늘은
다시 돌아오지 않는다

아직 살아 있는 자에게, 아침은 당연하고 저녁은 무감
(無感)하다. 어제 그랬으니 오늘도 그렇고, 또 내일도 그
러하리라 착각한다. 일상의 관성이다. 반복의 타성이
다. 그러나 어제 죽은 하루는 결코 돌아오지 않는다. 오
늘 죽어가는 하루는 한순간도 되살릴 수 없다. 내일의
수명도 단 하루뿐이다. 우리는 하루하루 새로운 삶을
시작하고 마감한다.

111

괜찮아,

중요한 것은 방향을 잃지 않는 거니까.

○

가브리엘 가르시아 마르케스

괜찮아,
이 길로 계속 오면 돼

조금 멀리 있는 엄마 품을 향해 아장거리듯 뛰어가던 어린아이가 넘어진다. 아이에게 상처는 없지만 불안이 있다. 아이는 울음을 터뜨리고, 주변 사람들은 그 모습이 귀여워 웃는다. 조금 멀리 있는 엄마가 차분히 아이를 격려한다. 괜찮아, 이 길로 계속 오면 돼.

가브리엘 가르시아 마르케스
(1927~2014)

콜롬비아 소설가. 작품에 '마술적 리얼리즘'을 확립. 1982년 노벨문학상 수상. 주요 저서로 『백년의 고독』, 『콜레라 시대의 사랑』 등이 있음.

✕

가스통 바슐라르(1884~1962)

프랑스 철학자. 과학철학의 현대적 의미 확립과 이미지 시론(詩論)에 크게 기여함. 주요 저서로 『물과 꿈』, 『공기와 꿈』, 『촛불의 미학』 등이 있음.

✕

공자(BC551~BC479)

중국 춘추시대의 사상가이자 교육자. 유학의 기초 경전을 정립해 유가 사상의 창시자로 평가받음. 제자들이 엮은 『논어』에 그의 인(仁) 사상이 잘 나타나 있음.

✕

나쓰메 소세키(1867~1916)

일본 소설가. 메이지 시대를 대표하는 작가. 주요 저서로 『도련님』, 『나는 고양이로소이다』, 『피안이 지날 때까지』 등이 있음.

✕

나폴레옹 보나파르트(1769~1821)

프랑스 제1공화국 황제. 1804년 황제의 자리에 올라 제정(帝政)을 수립하고 유럽 대륙을 정복함. 재임 기간 1804년~1815년.

✕

노자(?~?)

중국 춘추시대의 사상가. 도가(道家)의 시조로서, 인의와 도덕에 얽매이는 대신 무위자연의 도를 좇아 살 것을 역설함.

✕

니콜라이 고골(1809~1852)

러시아의 소설가이자 극작가. 러시아 사실주의 문학의 개척자. 주요

저서로 『코』, 『외투』, 『광인일기』 등
이 있음.

✕

대니얼 길버트(1957~)
미국의 심리학자이자 작가. 그가 하
버드대학교에서 강의하는 '긍정 심
리학'은 매번 성황리에 마감됨. 주
요 저서로 『행복에 걸려 비틀거리
다』 등이 있음.

✕

데이비드 로런스(1885~1930)
영국의 소설가이자 시인. 화제작
『채털리 부인의 사랑』을 비롯해 『아
들과 연인』, 『무지개』 등 펴냄.

✕

데일 카네기(1888~1955)
미국 출신 자기계발 강사이자 작가.
주요 저서로 『인간관계론』, 『인생경
영론』, 『자기관리론』 등이 있음.

✕

라빈드라나트 타고르(1861~1941)
인도 시인. 시집 『기탄잘리』로 1913

년 노벨문학상 수상. 그 밖에 우리
나라를 소재로 한 시 「동방의 등불」
등 남김.

✕

랄프 왈도 에머슨(1803~1882)
미국의 사상가이자 시인. 직관을 중
요시했던 신비적 이상주의자. 주요
저서로 『자연론』, 『대표적 위인론』
등이 있음.

✕

레온 페스팅거(1919~1989)
미국 사회심리학자. 인지부조화 이
론으로 잘 알려짐.

✕

레프 톨스토이(1828~1910)
19세기 러시아 문학을 대표하는 세
계적 소설가. 주요 저서로 『전쟁과
평화』, 『안나 카레니나』, 『부활』 등
이 있음.

✕

로맹 롤랑(1866~1944)
프랑스의 소설가이자 극작가, 평론

가. 1915년 노벨문학상 수상. 주요 저서로『사랑과 죽음의 장난』,『장 크리스토프』,『매혹된 영혼』등이 있음.

✕

로버트 번스(1759~1796)
영국 시인. 스코틀랜드 서민의 소박한 감정을 표현한 작품을 주로 창작함. 주요 저서로『샌터의 탬』,『새앙쥐에게』등이 있음.

✕

로버트 스콧(1868~1912)
영국 탐험가. 남극 탐험에 나서, 1912년 남극점에 도달함.

✕

로버트 프로스트(1874~1963)
미국 시인. 20세기 미국을 대표하는 시인으로 네 번이나 퓰리처상을 받음. 주요 저서로『보스턴의 북쪽』,『시 모음집』등이 있음.

✕

루돌프 폰 예링(1818~1892)
독일 출신 법학자. 주요 저서로『로마법의 정신』등이 있음.

✕

루쉰(1881~1936)
중국의 사상가이자 사회운동가. 또한 중국 근현대 소설 문학의 선구자로 인정받는 인물. 주요 저서로『아큐정전』,『광인일기』등이 있음.

✕

루키우스 안나이우스 세네카
(BC4 무렵~AD65)
고대 로마의 스토아 철학자이자 수사가. 네로 황제의 스승. 주요 저서로『논쟁 문제집』,『설득법』등이 있음.

✕

루트비히 비트겐슈타인(1889~1951)
오스트리아 태생의 영국 철학자. 일상 언어 분석에서 철학의 가치를 발견함. 주요 저서로『논리철학론』,『철학적 탐구』등이 있음.

루트비히 판 베토벤(1770~1827)

독일의 작곡자이자 피아니스트. 고전주의와 낭만주의를 잇는 시대의 대표적 음악가. 주요 작품으로 「교향곡 5번」, 「교향곡 9번」, 「월광 소나타」 등이 있음.

✕

루퍼트 굴드(1890~1948)

영국의 군인이자 작가, 라디오 진행자. 주요 저서로 『해양크로노미터, 그 역사와 발전』 등이 있음.

✕

르네 데카르트(1596~1650)

프랑스의 철학자이자 수학자. '나는 생각한다, 고로 존재한다.(Cogito ergo sum)'라는 제언으로 유명함. 주요 저서로 『방법서설』, 『정념론』 등이 있음.

✕

린든 존슨(1908~1973)

미국 제36대 대통령.

✕

마르쿠스 아우렐리우스(121~180)

고대 로마제국의 제16대 황제. 약 20년 동안 재위함. 후기 스토아파의 철학 사상을 담은 『명상록』을 펴냄.

✕

마르쿠스 툴리우스 키케로
(BC106~BC43)

고대 로마의 정치가이자 철학자, 문필가. 로마 공화정을 대표하는 인물로 집정관 등을 지냄. 주요 저서로 『의무론』, 『토피카』 등이 있음.

✕

맹자(BC372~BC289)

중국 전국시대 사상가. 공자의 인(仁) 사상을 발전시켜 성선설을 주장함. 아울러 정치사상에 의(義)를 강조함.

미셸 드 몽테뉴(1533~1592)

프랑스의 철학자이자 사상가. 자신의 삶을 철학적 사유의 대상으로 삼아 쓴 『에세』를 통해 에세이라는 장르를 탄생시킴.

밀턴 아이젠하워(1899~1985)
미국 교육행정가. 펜실베니아주립대학교와 존스홉킨스대학교 총장 역임.

✕

바뤼흐 스피노자(1632~1677)
네덜란드 철학자. 합리주의 철학의 대가로 평가받음. 주요 저서로 『지성교정론』, 『에티카』, 『정치 논고』 등이 있음.

✕

박목월(1915~1978)
1939년 『문장』으로 작품 활동 시작. 박두진, 조지훈과 함께 『청록집』 발간. 주요 저서로 『산도화』, 『경상도의 가랑잎』 등이 있음.

✕

버트런드 러셀(1872~1970)
영국 출신의 철학자이자 수학자, 역사가 수리논리학 성립에 공헌했으며, 1950년 노벨문학상을 수상함. 주요 저서로 『게으름에 대한 찬양』, 『행복의 정복』 등이 있음.

블레즈 파스칼(1623~1662)
프랑스의 수학자이자 철학자, 물리학자. 기하학 등 수학 연구에 많은 업적을 남김. 철학과 종교 분야에도 학문이 깊었으며, 주요 저서로 『팡세』가 있음.

✕

빅토르 위고(1802~1885)
프랑스의 소설가이자 극작가, 시인. 낭만주의 문학의 거장으로 손꼽힘. 주요 저서로 『노트르담 드 파리』, 『레미제라블』, 『크롬웰』 등이 있음.

✕

빈센트 반 고흐(1853~1890)
네덜란드 후기 인상주의 화가. 주요 작품으로 「밤의 카페테라스」, 「별이 빛나는 밤」, 「까마귀가 나는 밀밭」, 「해바라기」, 「자화상」 등이 있음.

✕

새뮤얼 버틀러(1835~1902)
영국 소설가. 주요 저서로 『에레혼』, 『만인의 길』, 『무의식의 기억』 등이 있음.

소크라테스(BC470~BC399)

고대 그리스 철학자. 문답을 통한 진리 탐구에 매진함. 제자 플라톤이 『대화편』을 지어 그의 사상을 전함.

✕

아리스토텔레스(BC384~BC322)

고대 그리스 철학자. 알렉산더 대왕의 스승이었으며, 논리학을 창건함. 주요 저서로 『형이상학』, 『니코마코스 윤리학』, 『시학』 등이 있음.

✕

아우렐리우스 아우구스티누스
(354~430)

고대 로마제국의 성직자이자 신학자. 마르틴 루터와 장 칼뱅 같은 종교 개혁가들에게 큰 영향을 끼침.

✕

알랭(1868~1951)

프랑스의 철학자이자 평론가. 본명 에밀 아우구스트 샤르티에. 주요 저서로 『예술론집』, 『사상과 나이』, 『행복론』 등이 있음.

✕

알렉세이 아푸흐틴(1840~1893)

러시아의 시인이자 평론가. 주요 저서로 『알렉세이 아푸흐틴 시집』 등이 있음.

✕

앙드레 모루아(1885~1967)

프랑스의 소설가이자 전기 작가, 역사가. 주요 저서로 『하나의 생활 기술』, 『사랑의 일곱 가지 양상』, 『프랑스사』 등이 있음.

✕

앙드레 지드(1869~1951)

20세기 문학 발전에 크게 공헌한 프랑스 소설가. 1947년 노벨문학상 수상. 주요 저서로 『지상의 양식』, 『좁은 문』, 『전원교향곡』 등이 있음.

✕

앙투안 드 생텍쥐페리(1900~1944)

프랑스 소설가. 주요 저서로 『어린 왕자』, 『야간 비행』, 『인간의 대지』 등이 있음.

✕

얼 스탠리 가드너(1889~1970)

미국 추리소설가. 법률가로 활동하면서 생생한 경험을 바탕으로 한 소설을 씀. 주요 저서로 『벨벳 속의 발톱』, 『기묘한 신부』, 『토라진 아가씨』 등이 있음.

※

에리히 프롬(1900~1980)

독일에서 태어나, 나치스 때문에 미국으로 망명한 심리학자이자 정신분석학자. 주요 저서로 『자유로부터의 도피』, 『인간의 자유』, 『혁명적 인간』 등이 있음.

※

에이브러햄 링컨(1809~1865)

미국 제16대 대통령. 남북전쟁의 혼란 속에 연방제를 보존하고 노예제도를 폐지함.

※

오노레 드 발자크(1799~1850)

프랑스의 소설가이자 극작가. 사실주의 문체로 여러 명작을 남김. 주요 저서로 『인간 희극』, 『고리오 영감』, 『외제니 그랑데』 등이 있음.

오쇼 라즈니쉬(1931~1990)

인도 철학자. '인도의 구루(스승)'로 불림. 춤과 감정의 발산을 특징으로 하는 명상법을 전파함. 주요 저서로 『잠에서 깨어나라』 등이 있음.

※

요하나 카스퍼 라바터(1741~1801)

스위스의 신학자이자 문필가. 사람의 얼굴 생김새를 살피는 인상학(人相學)을 연구함. 주요 저서로 『어느 자기 성찰자의 일기』, 『인상학론』 등이 있음.

※

요한 볼프강 폰 괴테(1749~1832)

독일 출신의 세계적인 문학가이자 연극 감독, 정치가. 주요 저서로 『젊은 베르테르의 슬픔』, 『빌헬름 마이스터의 편력 시대』, 『파우스트』 등이 있음.

※

윈스턴 처칠(1874~1965)

영국 정치인. 영국 총리를 두 번이나 역임했으며, 제2차 세계 대전에서

연합군의 승리를 이끈 전쟁 영웅. 작가로서 노벨문학상을 받기도 함.

✕

윌리엄 셰익스피어(1564~1616)
영국 출신의 세계적 극작가. 『햄릿』, 『로미오와 줄리엣』, 『맥베스』, 『리어왕』, 『한여름 밤의 꿈』, 『오셀로』 등 여러 명작을 남김.

✕

윌리엄 채닝(1780~1842)
미국의 자유주의 신학자. 기독교 신앙의 하나인 유니테리언주의 설립에 큰 영향을 끼침.

✕

이상(1910~1937)
일제강점기에 활동했던 시인이자 소설가. 본명은 김해경이며, 우리나라 아방가르드 문학의 개척자로 평가받음. 주요 저서로 『날개』, 『봉별기』, 『권태』 등이 있음.

✕

이솝(BC620 무렵~BC564 무렵)
고대 그리스 작가. 그리스어 발음으로는 '아이소포스'라고 함. 원래 노예 출신이었다가 자유의 몸이 되었다는 설이 있음. 『이솝 우화』의 저자.

✕

임마누엘 칸트(1724~1804)
독일 철학자. 근현대 서양 철학 전 분야에 큰 발자취를 남긴 인물. 주요 저서로 『순수이성비판』, 『실천이성비판』, 『판단력비판』 등이 있음.

✕

임어당(1895~1976)
중국의 소설가이자 문학평론가. 중국어 발음으로는 '린위탕'이라고 읽음. 우리나라에는 『생활의 발견』으로 잘 알려짐.

✕

장 앙리 파브르(1823~1915)
프랑스의 곤충학자이자 박물학자. 29년에 걸쳐 전10권의 『곤충기』 펴냄. 레지옹 도뇌르 훈장 받음.

장 자크 루소(1712~1778)

18세기 프랑스를 대표하는 사상가
이자 소설가. 그의 자유민권사상이
프랑스혁명의 밑거름이 됨. 주요 저
서로『고백록』,『에밀』등이 있음.

※

장 폴 사르트르(1905~1980)

프랑스의 소설가이자 사상가. 철학
논문「존재와 무」, 소설『구토』등을
통해 실존주의를 탐구함. 1964년 노
벨문학상 수상을 거부함.

※

정약용(1762~1836)

조선 후기 실학자. 호는 다산, 당호
는 여유당. 3대 저서로『목민심서』,
『흠흠신서』,『경세유표』를 손꼽음.

※

존 러스킨(1819~1900)

영국 미술평론가. 주요 저서로『건
축의 시학』,『건축의 일곱 개 램프』,
『베니스의 돌』등이 있음.

※

지크문트 프로이트(1856~1939)

오스트리아의 심리학자이자 의사.
정신분석학의 선구자로 평가받음.
주요 저서로『꿈의 해석』,『정신분
석 강의』,『자아와 이드』등이 있음.

※

카를 구스타프 융(1875~1961)

스위스 출신의 정신의학과 의사. 분
석심리학의 기초를 세웠으며 '콤플
렉스'라는 개념어를 사용함. 주요
저서로『심리유형론』등이 있음.

※

카를 힐티(1833~1909)

스위스의 사상가이자 법률가. 국제
사법재판소 스위스 위원 역임. 주요
저서로『행복론』등이 있음.

※

폴 발레리(1871~1945)

프랑스 시인. 20세기 최고의 상징
주의 시인 중 한 사람. 주요 저서로
『젊은 파르크』,『매혹』,『나의 파우
스트』등이 있음.

폴 베를렌(1844~1896)

'시인의 왕'이라는 별명을 얻었을 만큼 프랑스를 대표하는 시인. 섬세한 언어 감각을 현실에 녹여냄. 주요 저서로 『사투르누스의 시』, 『말 없는 연가』 등이 있음.

✕

프랜시스 베이컨(1561~1626)

영국 철학자. 오직 기독교 사상만 진리라고 주장해온 중세 철학에서 벗어나 과학적 지식과 경험을 강조함. 주요 저서로 『학문의 진보』, 『신기관』 등이 있음.

✕

프리드리히 니체(1844~1900)

독일 철학자. 실존주의 철학의 선구자로 평가받음. 주요 저서로 『반시대적 고찰』, 『차라투스트라는 이렇게 말했다』 등이 있음.

✕

프리드리히 막스 뮐러(1823~1900)

독일 태생의 영국 철학자. 인도 연구의 권위자로도 알려짐. 저서 『독

일인의 사랑』 등이 있음.

✕

플라톤(BC424 무렵~BC348 무렵)

고대 그리스 철학자. 소크라테스의 제자이자 아리스토텔레스의 스승. 『파이돈』, 『국가』 등 정치학, 윤리학, 형이상학, 인식론 등을 다룬 여러 저서를 남김.

✕

플루타르코스(46~125)

그리스 출신의 전기 작가이자 역사가. 주요 저서로 『플루타르코스 영웅전』, 『도덕론』 등이 있음.

✕

피터 드러커(1909~2005)

오스트리아 태생의 미국 경영학자. 현대경영학을 창시한 학자로 평가받음. 주요 저서로 『경영의 실제』, 『단절의 시대』 등이 있음.

✕

허먼 멜빌(1819~1891)

미국 소설가. 인간과 인생에 대한 비극적 통찰을 선보임. 주요 저서로『레드번』,『백경』,『사기꾼』 등이 있음.

※

헤라클레이토스(BC540 무렵~BC480 무렵)

고대 그리스 사상가. 만물의 기원이 '불'이라고 주장함. 또한 변화를 지배하는 영원한 법칙을 '로고스'라고 함.

※

헤르만 헤세(1877~1962)

독일계 스위스 소설가. 1946년 노벨문학상 수상. 주요 저서로『수레바퀴 아래서』,『데미안』,『유리알 유희』 등이 있음.

※

헨리 데이비드 소로(1817~1862)

미국의 사상가이자 문학가. 진정한 자연주의자의 삶을 살았던 인물. 주요 저서로『시민 불복종』,『월든』 등이 있음.

헨리 워즈워스 롱펠로(1807~1882)

미국 시인. 유럽 각국의 민요를 영역하는 데 앞장섬. 주요 저서로『에반젤린』,『밤의 소리』,『길가 여인숙 이야기』 등이 있음.

※

헨리 반 다이크(1852~1933)

미국 프린스턴대학교 영문학 교수. 단편소설「수풀 아래의 거지들」 등을 비롯해 에세이『조지 워싱턴의 미국주의』를 남김.

※

홍자성(?~?)

중국 작가. 명나라 때 사람으로 본명 홍응명, 호 환초도인(還初道人). 주요 저서로『선불기종』,『채근담』 등이 있음.